'천국의 섬' 증도에서

문준경에게
인생의
길을묻다

남 도 영 성 순 례 가 이 드

저자 임병진
사진 배영준 박현우

사랑마루
SARANGMARU

남도영성순례가이드

'천국의 섬' 증도에서

문준경에게 인생의 길을 묻다

지은이 _ 임병진
사진 _ 배영준 박현우
초판 1쇄 _ 2015년 9월 11일
발행일 _ 2015년 9월 11일
발행인 _ 김진호
편집인 _ 유윤종
책임편집 _ 강신덕
기획/ 편집 _ 전영욱 강영아
디자인/일러스트 _ 권미경 오인표
홍보/ 마케팅 _ 강형규 박지훈
행정지원 _ 조미정 박주영

펴낸곳 도서출판 사랑마루
서울시 강남구 테헤란로 64길 17(대치동)

대표전화 TEL (02) 3459-1051~2/ FAX (02) 3459-1070
홈페이지 http://www.eholynet.org, http://www.ibcm.kr
등록 2011년 1월 17일 등록번호/ 제2011-000013호
ISBN 979-11-86124-19-2 03230
가격 10,000원

'천국의 섬' 증도에서

문준경에게
인생의
길을 묻다

남도 영성 순례 가이드

사랑마루
SARANGMARU

추천사

문준경 전도사님은 한국이 낳은 성 테레사입니다. 한때 천국의 섬의 거룩한 전도자요 선한 목자이셨고 이제는 한국 교회의 어머니가 되셨습니다. 천국의 섬 증도를 소개하고 문준경 전도사님의 영적 유산을 나누는 일에 헌신해 온 임병진 목사님에 의해 순례 안내 도서가 출간되는 것을 함께 기뻐하고 축복합니다. 문준경 전도사님의 순교 영성은 오늘의 한국 교회와 성도들을 다시 살리는 거룩한 불꽃이 될 것입니다. 부디 이 책을 들고 증도와 문 전도사님의 순례 흔적을 밟는 이들에게 그녀의 향기가 천국의 향기가 되기를 기도합니다. 샬롬.

이동원 목사(지구촌교회 원로)

스페인에 '산티아고 야고보 순례길'이 있다면 한국에는 증도에 '문준경 순례길'이 있습니다. 성경책과 「천국의 섬' 증도에서 문준경에게 인생의 길을 묻다」만 있다면, 지금 바로 남도순교 영성순례를 떠나십시오. 그 곳에서 삶의 새로운 목표를 발견하게 될 것입니다. 그리고 증도에서 한 알의 밀알로 살았던 문준경 전도사의 발자취를 따라 가십시오. 우리보다 크신 하나님을 사랑하고, 증도를 뛰어넘어 조국을 사랑하며, 이웃을 뛰어넘어 자신을 죽이려는 자까지 사랑했던 여인의 삶이 우리에게 변화와 회복을 가져다 줄 것입니다.

이인영 국회의원(새정치민주연합)

문준경 전도사님은 한국교회의 보배입니다. 우리 한국교회, 특별히 기독교대한성결교회 칠십 만 성도는 문준경 전도사님의 사명어린 헌신과 순교를 불사한 사역으로 태어난 신앙의 자녀들입니다. 그 분의 신실한 걸음걸음이 우리의 회복을 낳았고 그 분의 열정적인 한마디 한마디가 오늘의 부흥을 이루었습니다. 이제는 우리가 그 분의 사랑과 그분의 헌신에 부응해야 할 때입니다. 임병진 목사님의 책은 우리 모두가 가야할 갱신의 삶을 향한 가이드가 될 것입니다.

유동선 목사(제109년차 기독교대한성결교회 총회장, 춘천중앙교회 담임)

CBS는 지난 2009년 창사 55년 특별기획 TV드라마 〈시루섬〉을 방송했습니다. 드라마 〈시루섬〉은 한국판 마더 테레사로 불리는 문준경 전도사의 실화를 다룬 작품으로 방영 당시 시청자들의 뜨거운 반향이 일었습니다. 〈시루섬〉은 문준경 전도사가 전남 신안군 섬지역의 빈민 구제와 선교 근거지로 삼았던 '증도'의 옛 이름이었습니다. 드라마 〈시루섬〉은 이 책의 저자 임병진 목사께서 저술한 '천국의 섬'을 원작으로 제작된 것입니다. 이번에 기독교대한성결교회 출판부에서 임병진 목사님과 함께 '천국의 섬'을 잇는 '천국의 섬 증도에서 문준경에게 인생의 길을 묻다'라는 제목의 순례 안내 도서를 발간한 것은 매우 뜻깊고 기쁜 일입니다. 앞으로 출간할 남도영성순례가이드 시리즈에 대한 기대 또한 큽니다.

한용길 사장(CBS)

한국기독교 역사130년 동안 수많은 일들이 역사가 되었습니다. 한국교회는 수많은 역사적 영적인 요소가 많이 있었음에도 불구하고 이것을 발굴하고 개발하는데 큰 관심이 없었습니다. 그동안 땅속에 묻혀있던 문준경 전도사의 소중한 가치를 한국교회에 소개하고 역사적 문화콘텐츠를 만들고 진행하여 한국교회에 순교영성의 바람을 일으키는 일에 헌신을 다하는 임병진 목사님께 큰 격려를 보냅니다. 문준경 전도사 순례영성이 프로그램이 아닌 쓰러져가는 한국교회의 사명의 불씨를 살리는 거룩한 여정되기를 소망 합니다.

이윤재 목사(한신교회 담임. 별세목회연구원장)

저자는 문준경 전도사 순교영성을 한국교회에 알리고자 애쓰는 한 사람으로 이번에 문준경 전도사의 순교영성을 기리고 함께 묵상하며 나눌 수 있는 '증도순례가이드'를 내놓았다. 그가 말하는 문준경은 섬마을의 전도자요, 목회자로, 그들을 복음 아래 복 되고 은혜로운 삶의 자리로 인도하는 일에 헌신하였다. 많은 사람이 그녀의 헌신적인 복음으로의 안내에 감동하여 믿는 자의 삶을 선택했으며, 변화되어 온전한 하나님 자녀의 삶을 살았다. 죽음 앞에서도 두려워하지 않고, 한 영혼을 품으려는 전도자의 위대함을 담은 이 책과 함께 믿음의 여정을 떠나볼 것을 권하고 싶다.

김병삼 목사(분당만나교회 담임)

문준경 전도사님의 사역과 순교 영성은 백번을 강조해도 지나침이 없습니다. 문 전도사님은 한국 개신교가 바른 길로 걸어갈 수 있도록 하는 일종의 시금석과 같은 분입니다. 문전도사님의 사역과 헌신, 죽기를 두려워하지 않는 신앙의 자세는 개인과 가정, 교회와 사회가 바른 길로 나아가기를 바라는 모든 이들에게 귀한 지침이 될 것입니다. 임병진 목사님과 기독교대한성결교회 출판부에서 문준경 전도사님의 신앙과 사역, 삶과 죽음을 중심으로 여행 가이드를 제작 출판 한 것을 축하드리며 앞으로 이 책을 통해 많은 영혼이 인생의 바른 길과 깊이 있는 길을 모색할 수 있기를 바랍니다.

문성모 목사(전 서울장로회신학대학교 총장)

복음 안에 희망이 있습니다. 남편에게 외면당하고 재봉틀 하나 들고 유달산 기슭에서 살던 외로운 한 여인이 예수님을 만납니다. 예수님과 함께 사는 것이 얼마나 행복하던지 그 복음을 널리 전하고 싶어 성경학교에 청강생으로 들어갔습니다. 이 섬 저 섬을 돌며 복음을 전했습니다. 가냘픈 한 여인으로 말미암아 얼마나 많은 사람들이 천국을 경험했습니까? 그녀의 손길을 통해서 열방에 복이 되는 거목들이 얼마나 많이 세워졌습니까? 오늘을 사는 우리들에게 이 책은 가장 아름다운 길을 보여줄 것입니다.

백동조 목사(목포 사랑의 교회 담임)

매일 아침이면 기념관 뒷산 산정봉에 올라 문준경 전도사님과 그분의 복음 사역을 묵상합니다. 증도에서의 하루하루는 분명 문준경 전도사님을 닮아가는 시간입니다. 오늘도 많은 사람들이 증도를 방문하고 문준경의 삶과 신앙을 나눕니다. 그리고 삶을 새롭게 세우기를 결단합니다. 이번에 새로이 출판되는 문준경 전도사님 순교영성 가이드북「문준경에게 인생의 길을 묻다」는 증도를 방문하는 영혼들에게 귀중한 안내서가 될 것임을 확신합니다. 한국교회가 길을 찾아야하는 이 때, 임병진 목사님을 통해 귀한 책을 허락하신 하나님께 감사드립니다.

김헌곤 목사(증도 문준경전도사 순교기념관장)

머리말

처음 문준경 전도사를 접하고 난 뒤 정말 많은 일들이 있었다. 2007년, 「천국의 섬」이 소개되고 150회 이상 증도를 오가며 다큐멘터리영상, CBS 창사 55주년 특집드라마 '시루섬' 제작과 다양한 방송 출연, 언론 매체와의 인터뷰와 기사를 냈다. 또 다양한 순교 영성 프로그램을 기획하여 그 진행을 맡는 등 증도와 문준경 전도사님과 관련된 여러 일들에 직·간접적으로 관여해왔다. 그 와중에 감사하게도 순례객의 거점이 될 만한 '문준경전도사순교기념관'이 세워졌다. 기념관은 지금 한 해 동안 다녀가는 순례객이 5만 여 명이나 될 정도로 널리 알려진 순례의 고향이 되었다. 앞으로도 순교자들의 신앙과 정신이 한국교회와 사회에 큰 울림이 되리라 확신한다. 오래전 그들이 뿌린 귀한 피가 이제야 고귀한 가치로 부활한 것이다.

아시아 최초로 지정된 슬로우 시티 증도는 '천국의 섬'이라 불린다. 전국 복음화율 1위요, 주민의 90퍼센트가 예수를 믿는 곳이다. 이 섬에는 불교 사찰이나 전통 무속 종교는 물론이고 천주교도 없다. 오직 교회만 있다. 이 섬에 가면 문준경 전도사의 아름다운 믿음, 그 오염되지 않은 순수한 믿음의 모습을 발견하게 된다. 증도는 남도의 따스한 햇살과 넘실거리는 파도, 그리고 그림 같은 섬과 해변이 어우러진 곳이다. 이 아름다운 자연 속에서 여행객은 지친 영혼에 위로와 힘을 얻는다. 이 아름다운 풍광 속에서 여행객은 한 명의 순례객이 되어 문준경 전도사의 신앙과 순교 정신을 이어받아 영적으로 새롭게 되는 변화를 경험하는 가운데 인생의 저 깊은 곳으로부터 사랑과 열정을 회복하게 된다.

증도는 도시 교회들의 성공목회, 기복신앙으로 흐트러지고 지쳐 있는 영혼들에게 영적 충격을 주는 신선한 곳이다. 사역에 지쳐서 로뎀나무 아래에 쓰러져 있던 엘리야가 하나님을 만나 회복하여 다시 일어선 것처럼 바로 이 천국의 섬 증도는 목회와 삶에 지쳐있는 목회자와 성도들에게 로뎀나무 아래와 호렙 산을 경험하는 곳이다. 증도는 그렇게 현대인들에게 회복과 부흥의 터전이다.

불교에서는 2002년 한일월드컵에 맞춰 외국인 여행객들에게 한국전통문화의 멋과 맛을 보여주기 위해 '템플스테이'를 선보였다. 이 독특한 문화체험이 이제 10년 세월을 넘어서면서 '패밀리 브랜드'라는 이름으로 새롭게 탄생했다. 지난 10년간 전국 사찰과 기관의 템플스테이에 200만 명이 다녀갔고, 그 가운데 외국인만 22만 명이 이 프로그램을 체험했다. 템플스테이는 2009년 세계 최대 국제관광 전시회인 베를린 박람회에서 영예의 최우수상을 받았다. 이처럼 '템플스테이'는 은자의 종교인 불교의 이미지를 확실히 대중적이게 바꾸어 나가는 선봉이 되었다. 이뿐이 아니다. 천주교는 2014년 프란치스코 교황 방문을 기점으로 천주교 성지에 대한 관심을 더욱 높이고 있다. 한국의 순교자들을 성인에 반열에 올려 놓고 천주교인들의 신앙 훈련을 위한 코스는 물론이고 일반인들도 접근이 용이한 프로그램을 개발 운영하고 있다.

이제 우리 개신교의 차례이다. 개신교에도 믿음의 선배들이 남긴 흔적과 정신들이 곳곳에 있다. 개신도계 역시 선배들의 믿음의 정신과 흔적들을 본받으려고 국내 순례지를 방문하는 경우가 많아지고 있다. 이제 개신교는 단순한 여행 프로그램이 아닌 체계적이고 전문적인 영성 프로그램을 만들어서 순례객들을 만족시킬 수 있는 기회를 제공해야 한다. 문준경 전도사의 순교와 희생의 감동이 교회를 뛰어넘어 세상 많은 사람들을 향하여 확산되어야 한다.

지금은 증도가 많이 변했다. 예전에는 배를 타야만 들어가던 증도를 이제 새로 놓인 증도대교로 건너 들어갈 수 있다. 여행객과 순례자들을 맞이하기 위해 숙박시설과 식당들도 즐비하게 생겨났다. 많은 이들에게 증도와 문준경 전도사가 소개되었다. 많은 종류의 문화활동들도 만들어졌다. 그런데 자세히 들여다보면 이 모든 것이 좋은 것만은 아니다. 그동안 깨끗하고 순수했던 섬마을이 상업화되고 오염되었다. 또 사전 정보와 깊이 있는 준비 없이 방문하는 교회들과 순례자들은 겉핥기식 여행으로 고단하기만 하다.

이 책은 인생의 새로운 도전을 위해 길을 떠나는 사람들을 위하여 안성맞춤인 책이다. 겉핥기로 만들지 않았다. 증도와 문준경에 대한 오랜 경험을 바탕으로 진솔하면서도 깊이있게 책을 만들었다. 이 책은 1박2일, 혹은 2박3일 영성 프로그램을 진행 할 수 있도록 하는 실전적인 가이드북으로 준비되었다. 모쪼록 『천국의 섬' 증도에서 문준경에게 길을 묻다』가 이 시대, 삶의 새로운 길을 모색하는 이들에게 안전하면서도 도전적인 가이드가 되기를 바란다.

또 하나의 수고로운 작업이 결실로 나오게 된 것을 감사한다. 책을 만드는 일은 언제나 쉽지 않다. 책 곳곳이 멋스러울 수 있도록 수고해 주신 배영준님과 기념관의 박현우 목사님에게 감사드린다. 또한 이 책이 나올 수 있도록 격려해 주신 도서출판 사랑마루의 유윤종 목사님에게 감사드린다. 무엇보다 문준경 전도사님에게 감사드린다. 전도사님은 내 인생 신앙과 영성과 사역의 귀한 멘토이시다. 전도사님의 사명과 헌신은 지금도 길을 잃어 넘어지곤 하는 나에게 큰 힘이자 버팀목이시다.

2015년 9월
증도 산정봉에서 임병진

목차   C o n t e n t s

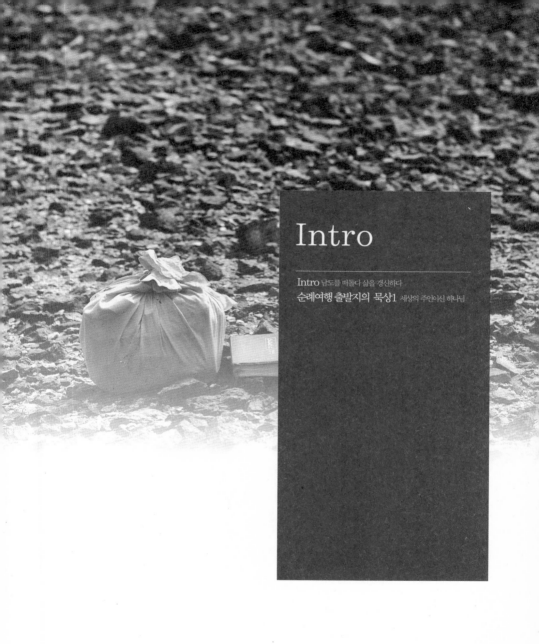

Intro

Intro 남도를 떠돌다 삶을 갱신하다
순례여행 출발지의 묵상1 세상의 주인이신 하나님

남도를 떠돌다 삶을 갱신하다

과제를 품은 여행

누군가는 여행을 하면서까지 과제를 품어야 하느냐고 반문할 수도 있겠다. 그러나 길을 나서면서 과제 하나쯤 품지 않으면 길을 나서지 않으니만 못하다. 프랑스의 소설가 마르셀 프루스트(Marcel Proust)는 "여행이란 단순히 새로운 풍경을 보고 오는 것이 아니라 새로운 시야를 갖는 것"이라고 말했다. 길을 떠나 낯선 풍광을 접하고, 다닌 곳곳의 모든 것이 전하는 메시지에 매료되거나 의혹을 품거나 하면서 서서히 새로운 시각을 갖는 것이야말로 여행의 진정한 묘미라고 할 수 있을 것이다.

이도 저도 싫어 그냥 식도락이나 즐기고 관광이나 하며 마음을 편하게 하고자 하는 사람도, 과제를 품는 여행에 대해 무리하게 짐스러워 할 필요는 없다. 누구나 여행 가방에 옷가지, 세면도구, 미용도구 그리고 짐만 된다고 투덜거릴 것이 틀림없는 책 한 권쯤은 끼워 넣지 않는가? 혹여 과제를 품는 것이 부담스럽다면 그저 필요하지 않은 물품 하나 더 챙겼다고 여겨보자. 이

인생길에는 여러 갈림길이 있다. 인생을 살면서 우리는 이것을 선택할 수도 있고 저것을 선택할 수도 있다. 남도 순례여행은 인생 선택의 분명한 길을 모색하는 여행이 되어야 한다.

불필요한 듯 보이는 여행과제라는 품목은 사실 짐 속에 넣고 갈 필요도 없다. 그냥 마음 한구석에 담으면 그만이다.

부담스럽지 않게 구겨 넣은 이 여행과제가 여행의 어느 순간, 우리 마음에 계몽의 빛을 제공할 수도 있다. 우리가 삶의 어느 곳에서도 얻지 못했던 깨달음이 이번 여행에서 번득 우리 삶의 구겨진 면모를 반듯하게 만들 수도 있다. 부담갖지 않고 마음 한 구석에 챙겨놓았던 여행과제가 우리 삶의 새로운 지평을 허락할 수도 있다. 이제껏 누리지 못했던 삶의 새로운 지경들이 우리에게 강렬한 빛으로 다가올 수도 있다. 그럴 때 마음속 주머니에 챙겨왔던 여행과제 하나를 감사해야 한다. 그것이 여행자의 겸손한 자세이다.

이번 남도 여행의 과제는 '인생 갱신'이라고 요약하고 싶다. 남도의 드넓은 평야와 잔잔한 듯 일렁이는 바다, 그리고 그 가운데 내줄듯 내주지 않을 요량으로 서 있는 섬들을 두루 다니다 보면, 인생을 성찰하라는 목소리를 듣게 된다. 특별히 그 섬마을 곳곳에서 문준경이라는 한 여인의 이야기를 접하다보면, 자기 마음을 새롭게 하고, 갱신하여 깊이 하는 것이 바른 길이라는 것을 알게 된다. 그때, 여벌의 짐처럼 들고 왔던 인생 갱신의 여행과제를 펼치고 앉아 그것을 풀어보자.

문준경 전도사를 만나는 순례여행은 인생 갱신이라는 과제를 품고 길을 떠나온 여행객들을 한반도의 서남쪽에 위치한 남도로 안내한다. 그리고 그 땅 사람들, 특별히 문준경이라는 한 신앙의 여인이 그 바다, 섬, 사람들과 면하여 살아간 삶의 이야기를 들려준다. 남도와 문준경의 이야기를 들으며 섬 곳곳을 여행하다 보면, 여행객은 한 가지에 집중해야할 필요를 느낀다. 인생과 삶의 갱신에 대한 요청이다. 요청을 듣고도 묵묵부답할 수도 있다. 아예 그 갱신의 요청 소리 자체를 듣지 못할 수도 있다. 그렇다 해도 당황하지 말아야 한다. 그때쯤이면 이미 문준경이 맞았던 갯바람에 흠씬 젖었을 터이요, 문준경이 외치던 예수 그리스도의 복음이 제안하는 인생 갱신의 요청에 마음 문이 절반은 열렸을 터이니 말이다.

한 가지, 이 여행을 세 가지 버전으로 준비해 보자. 먼저는 홀로 떠나는 여행을 권하고 싶다. 갱신을 원한다면 홀로 이 책을 들고 남도, 특별히 증도 여행을 권한다. 두 번째, 개인적으로 인생 갱신의 과제 수행이 버겁다면, 교회의 형제, 자매들과 함께 길을 나서보자. 그리고 여행지 곳곳에서 직면

하는 과제들을 함께 묵상하고 함께 변화를 도모해 보자. 훨씬 수월할 것이다. 마지막으로 배우자, 혹은 가족과 함께하는 버전의 여행을 권하고 싶다. 이 경우에는 이 여행이 제안하는 자기 갱신이라는 과제보다는 문준경 순교영성 순례에 대한 정보를 얻는 쪽에 더 초점을 맞추게 된다. 그래도 그 어디서도 누릴 수 없는 독특한 영성 여행이 될 것이니 이 버전도 고려해 보자.

남도

   남도는 사실, 서울과 경기도 남쪽을 모두 일컫는 말이다. 그러니 남도를 여행한다는 것은 서울을 떠나고 경기도를 떠나 한반도의 남쪽 전반을 다 도는 것을 의미한다. 그런데 일반적으로 사람들은 '남도' 하면 이런 식의 지리적 구분과 다르게 '전라도'를 지칭한다. 이런 식의 색다른 구분은 아마도 전통 민요 같은 우리 가락들을 구분하는 일에서부터 시작된 것 같다. 서도민요가 황해도를 지칭한다면, 그리고 경상민요가 말 그대로 경상도 일대의 민요를 일컫는다면, 남도민요는 충청남도 아래쪽에서부터 전라북도 일대, 그리고 무

엇보다 전라남도의 일반인들이 부르던 노래를 일컫는 속칭이었는데 아마도 이런 식의 문화적 구분으로부터 남도가 전라도 일대를 일컫는 말이 되었지 싶다.

전라도에는 한반도의 곡창지대인 호남평야가 넓게 자리 잡고 있다. 그렇지만 전라도의 백미는 아마도 복잡한 해안선과 함께 펼쳐진 무수한 섬들일 것이다. 한려수도라 지칭하는 해남에서 출발하여 여수, 순천 일대를 아울러 그 독특하고 평온한 풍광이 예찬 받을 만하다면, 목포일대로부터 무안을 지나 서해 쪽으로 돌아서는 지역의 섬들은 아랫녘과는 사뭇 다른 풍광을 자랑한다. 특히 신안은 무수히 많은 섬들을 안고 있다. 신안군 자체에만 약 1,004개의 섬을 가지고 있다. 우리나라 전체의 섬 개수가 3,000여 개가 조금 넘는다고 하니 그 가운데 30퍼센트가 이곳에 집중되어 있는 것이다. 그만큼 이곳의 풍광은 말 그대로 육지만큼이나 굽이굽이이다. 이쪽 구석을 돌아서면 섬이 하나 나오고 다시 한 굽이를 돌아서면 또 다른 섬이 막아선다. 마치 대양으로 나아가는 길을 가로막고 있는 듯, 섬들이 곳곳에 보초병처럼, 복병처럼 서 있다.

대부분의 섬들은 그리 깊지 않은 바다와 갯벌로 둘러싸여 있다. 갯벌은 매우 정직해서 큰 자연재해가 아닌 이상 늘 인간이 먹을 만한 것들을 내놓는다. 바다 역시 마찬가지다. 욕심만 내지 않는다면, 자연을 거스르려 하지만 않는다면, 바다는 오랫동안 그래왔던 것처럼, 섬사람들에게 먹고 살 만한 것들을 내어준다. 이 지역 섬들은 나름의 넉넉한 크기를 가지고 있다. 그래서 사람이 살 만한 섬들은 드넓은 갯벌과 함께 먹고 살 만큼의 경작지와 임야도 함께 품고 있다. 그렇다고 육지의 산야가 주는 넉넉함이 그대로 제공되는 것은 아니다. 갈아먹을 만하고 나물을 채취할 만한 땅이라 해도 섬은 섬이어서 소금기도 많고, 물도 부족하며, 물산도 지극히 제한적이다.

결국 남도의 섬사람들은 하늘이든 땅이든 의존하여 살지 않으면 안 된다. 그들은 육지에 의존하고, 바다에 의존하고, 높지도 않은 산들에 의존하여 산다. 섬사람들은 늘 바다가 길을 여는 대로, 섬들이 그 먹고살 만한 것들을 내어주는 대로 살아야 했다. 바다가 마음을 닫고 섬들이 마음을 닫으면 살길을 찾지 못했다. 육지 사람들에게 의존하여 사는 일 또한 쉽지 않았다. 육지에서의 삶이 녹록치 않아서 섬으로 유민처럼 들어온 연유가 있기 때문이다. 늘 풍성한 육지의 물산에 의존하여 살지만, 육지 사람들에게 자존심까지 내어주고 싶지는 않은 것이 섬사람들의 심리다. 결국 남도 섬사람들의 삶은 이래저래 풍족할 수 없었다.

성결교회의 태동과 부흥운동

서양 선교사들이 복음을 들고 조선에 들어오기 시작한 1800년대 후반 조선 사회는 매우 어려웠다. 선교사들이 보기에 조선은 문명에 눈뜨지 못한 미개한 나라였으며, 백성들은 어지러진 정치 사회의 혼란 속에서 고난과 질고로 고통 받고 있었다. 백성들 대부분은 깨우치지 못한 사람들로, 그들은 깨우치기를 원했다. 선교사들의 초기 활동이 병원과 학교, 사회 구제로 이어진 것은 이

러한 연유였다. 그러나 선교사들이 진심으로 깨우치기를 원했던 것은 바로 영적으로 갇힌 조선백성들의 마음이었다. 선교사들은 복음과 말씀으로 백성들을 일깨웠고 그들을 진리로 인도하기 위해 오지 선교여행을 주저하지 않았다.

이렇게 외국 선교사들이 선교적인 전초를 닦은 후, 한국교회에 젊은 조선인 지도자들이 일어나기 시작했다. 이때 많은 사람들이 사경회를 통해 은혜를 받았는데, 우리가 잘 알고 있는 '평양대부흥운동'은 한국 초기 선교의 독특한 상황 가운데 바로 이 시점에서 발흥한 것이다. 한반도 곳곳에서 회개와 부흥의 불길이 일어나던 시점에 또 한 가지 주목할 만한 사건은 바로 '성결교회의 탄생'이다.

한국 성결교회는 일제 강점의 어두운 커튼이 드리워졌던 그 시절, 동경성서학원에서 복음을 접하고 훈련을 받은 정빈과 김상준 두 젊은이가 서울의 거리 곳곳을 돌아다니며 '성결의 복음'을 전한 데서 시작되었다. 그들은 하루 종일 거리에서 하나님 나라와 복음, 회개와 구원의 가치를 증거했다. 그렇게 모인 사람들을 전도관으로 인도하여 그곳에서 구령집회를 통해 회개시키고 예수 그리스도의 사람으로 만들었다. 성결교회는 한마디로 거리에서 직접적으로 전도하여 시작된 교단이다. 한국교회의 큰 지도자 이명직 목사가 그랬고, 이성봉 목사가 그랬으며, 이후 나사렛 교단의 지도자가 된 정남수 목사가 그랬다. 이들 모두는 거리에서 만난 사람들에게 하나님 나라의 새 희망을 전한 직접 전도자들이었다.

한국 성결교회의 큰 역사는 1920년대에 일어났다. 이때 한국 성결교회가 퍼뜨린 성결 체험의 외침은 가히 폭발적이었다. 경성성서학원과 아현교회에서 처음 시작된 이 운동은 한국사회와 교회 곳곳에 큰 울림이 되어 많은 사람들이 자신의 죄를 고백하고 성결한 삶을 살겠다고 다짐하는 역사가 일어났다. 그 큰 운동의 물결은 서울과 대도시에만 머물지 않았다. 그 물결은 저 멀리 목포에서도 울려 퍼졌다. 많은 사람들이 성결운동가들의 거리전도 소식을 들었다. 그리고 그들의 권유에 이끌려 지역 성결교회의 구령집회에 참석했다. 이때 교회에 첫발을 디딘 한 사람이 바로 문준경이었다. 결국 1920년대의 성결운동은 삼천리 방방곡곡을 울렸고 그 결과 우리 순례 여행의 주인공, 순교자 문준경이 탄생한 것이다.

문준경 전도사

문준경 전도사는
1891년　신안군 암태면 수곡리에서 3남4녀 중 3녀로 태어나
1908년　증도면 등선리 정운삼씨의 삼남 정근택씨와 결혼했으며
1927년　북교동교회에서 입교하여 구원의 확신을 얻고
1928년　세례를 받았다.
1931년　경성성서학원에 청강생으로 입학한 뒤
1932년　임자진리교회 교역자로 파송받아 사역하고
1934년　후증도에 증동리교회를 세웠다.
1936년　대초리교회를 세우고 경성성서학원을 제25회로 졸업했다.
　　　　같은 해에 재원리, 방축리, 우전리에 기도처를 세우고
1943년　일제에 의해 교단과 교회가 폐쇄되는 아픔을 겪고
1945년　경방단에게 빼앗겼던 증동리교회를 되찾았다.
1950년　공산당에 의해 목포 정치보위부로 끌려갔다가 풀려나고
　　　　이판일 장로와 섬으로 돌아왔다가
　　　　돌아온 다음 날 새벽 10월 5일에 증동리 백사장에서 순교했다.
1951년　문 전도사의 후예들이 정식으로 장례식을 치르고
　　　　증동리교회에 순교기념비를 세우고
1964년　옛 무덤에 기념비를 세웠다.
2005년　현재의 순교지에 묘역을 조성하여 이장하고
2013년　고인의 순교와 영성을 기리는 기념관을 세웠다.

문준경

　　남도를 돌아 무안땅 끝, 지도읍에 도착하면 거기서부터 우리는 섬마을의
전도자 문준경을 만나게 된다. 지도읍 삼거리에 서서 오른쪽으로 돌아서면
임자도로 가는 점암선착장이 나오는데, 가던 길을 계속 가는 듯, 왼쪽, 조금
은 좁고 작은 길로 들어서면 증도로 가는 길이 나온다. 증도(甑島)는 요즘 슬
로우시티(slow city)라는 국제적인 이슈에 발맞추고 있는 신안의 대표적인
섬이다. 이 섬에는 느릿하고 여유 있으며 조금은 환경 친화적이고 더불어 인
간적이기도 한 생활방식이 기다린다. 섬 안에서 차를 끌고 다니는 것 보다는

자전거나 도보 여행을 권한다. 더불어 육지의 화려한 음식이 아닌 조금은 절식하는 듯한 섬마을의 식단에 적응할 것을 권한다. 그렇다. 증도는 여행자들에게 인생을 사는 방식에 새로운 국면을 요구한다. 도회적이고 스피디한 삶에서 내려서보라는 것이다.

그리고, 이 섬에는 한 가지가 더 여행자들을 기다린다. 바로 문준경 전도사의 깊고 열정적인 신앙과 순교정신이다. 문준경 전도사 순교기념관과 그녀의 순교지, 그녀가 개척하여 세우고 성장시킨 교회들, 그리고 신앙심 깊은 섬마을 사람들의 정신은 여행자가 슬로우시티로 유명한 증도에서 만나게 되는 인생 갱신의 과제의 보다 깊이 있는 국면이다.

문준경 전도사는 그녀 스스로 인생 갱신의 국면들을 경험한 여행자들의 선배다. 일제 강점의 한복판, 그녀는 신안의 섬 중 하나인 암태도에서 이곳 증도로 시집을 왔다. 그런데 그녀의 결혼생활이 순탄치 않았다. 남편은 기어코 조강지처를 버리고 두집살이를 시작했고, 그 시대 아낙네들이 다 그렇듯 문준경 역시 속절없이 한만 쌓이는 삶을 살았다. 앞길이 창창한 여인의 인생에 큰 그늘이 아닐 수 없었다. 결국 그녀는 혼자 사는 삶을 택했다. 그리고 그렇게 홀로된 목포에서 일생의 갱신 기회를 경험한다. 생과부와 같은 삶에서 확연하게 구별되는 신앙을 가진 그리스도인의 삶, 성결을 체험한 하나님의 영적 전도자요, 사역자라는 새로운 삶이 그녀에게 시작된 것이다. 그녀는 스스로에게 주어진 인생 갱신의 과제를 적극적으로 받아들였다. 그리고 그 불꽃과도 같은 삶에 과감하게 뛰어들어 보다 깊고 풍성하며 성숙하여 고양된 삶의 지평을 열어갔다.

우전리 해변에 조성된 한반도 모양 해송 숲길은 순례객이 조용히 자기를 돌아보기에 알맞은 곳이다.

　선교사들은 이제 막 선교의 발걸음을 뗀 1800년대 말 이후, 한국교회와 더불어 갇히고, 족쇄가 채워진 채, 눈멀고, 귀 막혀 벙어리 같은 삶을 사는 영혼들을 일깨우는 일에 선교적 헌신을 다했다. 파란 눈의 선교사들에게 쉽지 않은 여정이었으나 그들은 이 땅 곳곳에서 사람들의 마음과 영혼, 삶을 일깨웠고 그들로 하여금 복음 아래 새로운 삶의 지평으로 나아가도록 권했다. 선교사들과 그들에게 훈련받은 한국인 목회자들은 곳곳에서 말씀 사경회와 집회를 열어 복음으로 변화된 삶, 성령으로 새로워지는 삶으로 나아가도록 개개인에게 촉구했다.

　특별히 한국 성결교회의 선교적 열정, 그 중에서도 남도 섬사람들을 향한 선교적 열정은 대단했다. 성결교회는 장로교나 감리교와 개신교 복음주의의 맥락을 같이하면서도 동시에 성령을 체험하게 하는 독특하면서도 새로운 형태의 복음전도 사역, 목회사역을 강조했다. 대부분의 개신교 복음주의 선교

사들과 목회자들이 한 사람으로 하여금 예수 그리스도의 십자가 사랑 가운데 중생을 체험하도록 하는 일에 열심이었다면, 성결교회 선교사들과 사역자들은 그 중생한 영혼에게 임하시는 성령의 두 번째 역사를 강조했다. 무수히 많은 영혼들, 특히 복음과 중생의 역사를 아는 성도들이 성결체험의 역사를 강조하는 성결교회의 성별회에 참여했다. 그리고 소위 존 웨슬리적 성화를 체험했다. 초기 교회의 중요한 사역자 가운데 한 사람인 이명직 목사는 1920년대 중반에 이 놀라운 역사가 성결교회 전반에 퍼져나가도록 한 장본인이다. 그가 시작한 성결체험의 시간, 성별회가 서울의 경성신학교를 중심으로 전국 성결교회에 퍼져나갔다. 수많은 목회자들과 사역자들, 그리고 평신도들이 하나님의 영으로 인한 확신 체험의 역사, 인생을 온전히 하나님만을 위해 살기로 결단하는 '새 인생 설계'의 순간으로 인도되었다.

이 놀라운 행렬에 문준경도 있었다. 성별회 전통은 문준경이 증도를 벗어나 새 터전으로 삼은 목포 일대에도 강력하게 역사했다. 당시 장석초 목사가 사역한 북교동교회는 성별회를 통해 성화를 체험한 성도들이 강력한 전도대를 결성하여 목포와 인근 섬들을 위한 전도활동에 적극적이었다. 그들은 다니는 곳곳에서 예수 그리스도와 성령의 역사를 전하며 사람들에게 새 삶을 향한 결단을 촉구했다. 그렇게 권면을 받은 이 가운데 하나가 바로 문준경이었던 것이다. 문준경은 하나님께서 성결교회를 통해 한민족에게 베푸신 성결체험의 역사에 동참하게 되었고, 이후 완전히 '갱신된 삶'을 살았다. 그렇게 변화된 문준경은 이후 섬마을의 전도자요, 목회자로, 섬마을 사람들의 삶의 애환을 고스란히 끌어안은 채 그들을 복음 아래 복되고 은혜로운 삶, 그 갱신된 삶의 자리로 인도하는 일에 헌신하였다. 무수히 많은 사람들이 그녀의 헌신적인 복음으로의 안내에 감동하여 믿는 자의 삶을 선택하였으며, 변화되어 온전한 하나님 자녀의 삶을 살았다.

증도는 문준경의 헌신된 사역의 은혜로운 결실이다. 여행자가 도착하여 짐을 내려놓은 증도에는 문준경이 기도하며 지은 교회들과 전도와 애민을 위해 수고하며 다닌 길들, 그리고 문준경의 헌신된 삶을 존경하는 믿음의 후예들이 있다. 섬사람들 모두가 기독교인이라고 굳이 떠벌이고 싶지 않다. 그러나 이 섬의 자연과 교회와 사람들은 모두 문준경을 통해 일어난 일들과 문준경이 마을과 자신에게 주는 의미가 무엇인지 잘 안다. 따라서 증도에는 온통 문준경이 외치고 문준경이 앞서 걸어간 갱신의 삶에 대한 요청과 과제가 곳곳에 살아 있음을 명심해야 한다.

인생 갱신

기독교의 역사는 온통 자기 갱신의 역사이다. 노아와 아브라함과 이삭과 야곱 그리고 모세와 다윗, 엘리야, 다니엘 등 성서 위인들은 모두 하나같이 하나님 앞에서 갱신되는 경험을 가졌다. 신약의 이야기가 시작된 이래 예수 님과 복음, 성령의 능력을 통해 하나님을 만난 사람들 역시 하나같이 이전과 이후가 확연하게 달라지는 자기 갱신의 기회를 얻었다. 그들은 자기 갱신을 위해 이주하고, 강을 건너고, 바다를 넘었으며, 산을 오르고, 골방으로 들어 갔다. 그들은 인생의 내면과 외면에서 모두 갱신을 위한 여행을 떠났다. 신실 하신 하나님께서는 그렇게 새로운 자기를 세우기 위해 유랑하여 여행하는 이 들을 외면하지 않으시고 그들에게 다가가셨다. 하나님께서는 그들이 이전에 살았던 삶을 넘어서서 새로운 지경의 삶, 믿음과 소망과 사랑의 지경으로 들 어서도록 안내하셨다. 누구든지 신실하신 하나님의 영적 안내를 순종하여 받 아들이면, 그들에게는 확연하게 다른 삶의 지평이 열렸다. 그들은 진정 이전 과 이후가 다른 삶을 살게 된 것이다.

바울은 그런 면에서 가장 극적으로 갱신된 삶을 살게 된 대표이다. 하나님 의 은혜와 사랑으로 예수 그리스도의 십자가 앞에 서기 이전의 자연인 바울 은 지독하게 인간중심적인 율법의 노예였다. 그는 자신을 옭아매고 자신의 삶을 꽁꽁 싸매버린 율법 아래서 종노릇 하며 살았었다. 그러던 그에게 예수 님께서 나타나셨다. 그는 예수님께서 열어주시는 갱신된 삶으로 인해 율법과 세상 학문의 수호자 바울이 아닌 은혜와 믿음 아래에 선 바울로 나아갈 수 있

었다. 바울은 진정으로 "이전 것은 지나갔으니 보라 새것이 되었도다"(고후 5:17)라고 고백하며 굳건한 믿음과 소망, 그리고 든든한 사랑의 정신으로 불굴의 새삶을 산 위대한 신앙인, 사도, 제자였다.

성경이 말하는 갱신된 삶을 산 대표자가 바울이라면, 문준경은 그 바울의 갱신의 여정과 궤적을 같이 하는 한 사람이다. 문준경도 바울의 율법처럼 운명의 굴레 아래 얽매인 삶을 살았었다. 그런 어느 날 복음이 다가왔고 성령의 강력한 역사가 운명의 종이 되어 음습한 삶을 살던 문준경을 샅샅이 훑었다. 그러자 그녀에게도 갱신된 삶의 길이 열렸다. 그녀 역시 이전과 이후가 확연하게 다른 삶을 살게 된 것이다.

바울과 문준경의 공통점은 세 가지로 요약할 수 있겠다. 하나는 고민하는 삶이고 다른 하나는 고민을 해결하기 위해 여행 떠나기를 주저하지 않았다는 것이며, 마지막 세 번째는 여행에서 얻은 갱신의 확실한 비전 아래 그 인생에 신실했다는 점이다. 실제로 그랬다. 바울과 문준경은 그들은 스스로 가시채를 뒷발질하며(행 26:14) 그들이 진정 귀하다고 여겨야할 것들에 대해서는 한없는 두려움과 경시하는 생각을 앞세우고, 오히려 그들이 가벼이 여기고 극복해야할 것들은 귀중한 것으로 여기고 붙잡는 삶을 살았다. 그들은 그러면서 고민하고 갈등했다. 그때, 그들의 삶에 새로운 빛이 들어왔다. 예수 그리스도께서 임하신 것이다. 그들은 곧 이전의 삶을 배설물처럼 여기고는 새로운 인생길로 들어섰다. 그들은 이제 새롭게 펼쳐질 삶을 위해 스스로를 단속하고 구별하여 훈련하며 변화시켰다. 마음과 영혼과 삶의 모든 것을 새로운 삶을 위해 준비시켰다. 그리고 주어진 복음을 위한 삶에 대해 신실하고 견고하며 담대했다.

이제 이 책을 옆구리에 끼고 남도와 증도, 그리고 임자도를 순례하는 여행자에게 제안한다. 이왕 떠난 여행에서 자기 갱신이라는 과제 하나를 옆구리에 꿰찼다면, 변화를 주도하시는 예수 그리스도를 만나라. 무수한 우리 신앙의 선배들을 변화된 삶으로 안내한 그 여행의 여정이 이곳 남도땅 증도, 그리고 임자도에 살아 숨 쉬고 있다. 중요한 것은 영혼을 겸비하는 것이다. 하나님께서는 자기 갱신을 위한 여행을 떠나는 여행자에게 이렇게 말씀하신다. "내 이름으로 일컫는 내 백성이 그들의 악한 길에서 떠나 스스로 낮추고 기도하여 내 얼굴을 찾으면 내가 하늘에서 듣고 그들의 죄를 사하고 그들의 땅을 고칠지라"(대하 7:14).

문준경 전도사가 기도하던 산정봉 길을 따라 올라가 정상에 다다르면
증도 전체가 한눈에 들어온다.
증도 한복판에는 아시아 최대라는 태평염전이 있고
그 오른쪽에는 한반도 모양을 닮은 해송숲이 펼쳐져 있다.
해송숲은 원래는 없던 것인데, 1970년대에 소나무 숲을 조성하고
그 숲이 울창해 지면서 한반도 형태의 멋진 모양이 만들어졌다.

세상의 주인이신 하나님

- 읽을말씀: 골로새서 1장 15~20절
- 새길말씀: 그가 만물보다 먼저 계시고 만물이 그 안에 함께 섰느니라(골 1:17)

이 말씀을 묵상한 순례자는

세속의 혼란스러운 정신이 아닌, 굳건하여 변함 없으신 하나님을 믿는 믿음으로 자신과 가족, 공동체의 삶을 바르게 세우는 여정을 시작하기로 결단합니다.

말씀읽기

다같이 골로새서의 말씀을 읽겠습니다.

15. 그는 보이지 아니하는 하나님의 형상이시요 모든 피조물보다 먼저 나신 이시니

16. 만물이 그에게서 창조되되 하늘과 땅에서 보이는 것들과 보이지 않는 것들과 혹은 왕권들이나 주권들이나 통치자들이나 권세들이나 만물이 다 그로 말미암고 그를 위하여 창조되었고

17. 또한 그가 만물보다 먼저 계시고 만물이 그 안에 함께 섰느니라

18. 그는 몸인 교회의 머리시라 그가 근본이시요 죽은 자들 가운데서 먼저 나신 이시니 이는 천히 만물의 으뜸이 되려 하심이요

19. 아버지께서는 모든 충만으로 예수 안에 거하게 하시고

20. 그의 십자가의 피로 화평을 이루사 만물 곧 땅에 있는 것들이나 하늘에 있는 것들이 그로 말미암아 자기와 화목하게 되기를 기뻐하심이라

📜 말씀읽기

1 얼마 전, 무신론적인 진화론을 믿는 한 과학자가 이렇게 말했습니다. "이 우주 모든 만물을 정말 하나님께서 창조하셨다면, 하나님은 정말 인간과 생명체에 대해 무자비하신 분이십니다. 하나님은 과연 이 우주 모든 만물이 위치한 공간 가운데 인간이나 생명체가 살 만한 공간을 얼마나 만들었을까요? 천만 분의 일, 수억 분의 일, 아니, 수조 분의 일 정도도 되지 않습니다. 내가 하나님을 믿지 않는 이유가 바로 이것입니다." 그러자 신실한 한 성도가 이렇게 대답했습니다. "당신은 유산으로 물려받은 큰 산에 럭셔리한 응접실과, 안락한 침실과, 모든 것을 갖춘 주방과, 멋진 차를 둘 만한 차고와, 시원하게 즐길 만한 수영장이 없다고 투덜대는 부잣집 도련님 같은 소리를 하고 있군요. 내가 만일 그 큰 산의 상속자라면 그 산 이곳저곳에 사람이 살 만하고 즐길 만한 공간들을 많이 만들겠습니다. 이 우주와 세상도 마찬가지 아닐까요? 하나님께서는 우리 인간을 창조하시면서 '생육하고 번성하여 땅에 충만하라, 땅을 정복하라, 바다의 물고기와 하늘의 새와 땅에 움직이는 모든 생물을 다스리라'고 하셨습니다.

하나님께서는 바로 이 세상을 다른 피조물과 더불어 살만한 곳으로 가꾸라는 사명을 우리에게 주신 것이지요. 당신처럼 불평이나 하라고 당신을 만드신 것이 아니랍니다."

2 우리는 하나님을 믿지 못할 만한 이유가 즐비하게 늘어선 세상에서 살고 있습니다. 사람들은 이 세상이 스스로 알아서 창조되었다고 말합니다. 세상은 하나님의 계획과 섭리가 아닌, 우연과 자연적인 현상으로 지금의 모습이 되었다고 말하는 것입니다. 그래서 사람들은 이 세상에 관리자와 주인이 따로 있을 수 없다고 말합니다. 세상은 세상을 향한 의지를 가진 누구나의 것이고 그 누구나의 의지로 진화하고 발전할 수 있다고 말합니다. 그러나 우리는 알아야 합니다. 세상이 우연과 자연적인 것으로 이루어지고 발전한다는 것은 거짓말입니다. 세상이 의지를 가진 누구나에게 그 발전을 의탁한다는 것 또한 거짓말입니다. 세상의 권세자들과 특별히 악한 사탄은 우연과 자연적인 것을 가장하여 자신들의 사악한 의도를 채웁니다. 세상은 누구나의 것이라고 거짓을 외치면서 결국 자신들의 탐욕스런 욕심

을 채웁니다. 세상은 악한 세상 권세자들이나 사탄의 의도대로 흘러가지 말아야 합니다. 세상은 세상의 주인이신 하나님과 그 아들 예수 그리스도의 사랑으로 그 사랑을 향해 나아가야 합니다. 이를 위해 우리 믿는 사람들은 세상을 바른 길로 인도하기 위해 바른 의지를 갖고 수고와 헌신을 다해야 합니다.

3 사도 바울은 오늘 골로새서 말씀에서 온 세상 만물이 삼위 하나님의 뜻대로 창조되고 그 은혜로운 사랑의 섭리 아래 있다고 확신했습니다. 바울이 살던 시대, 유대인들과 로마인들, 헬라인들, 그리고 세상 사람들은 온통 자신만의 독특한 학문적 논리로 세상을 설명하려 했습니다. 그들은 이 세상이 하나님과 그의 아들 예수 그리스도가 아닌 다른 신들과 다른 존재들, 다른 방식으로 이루어져 있다고 현혹하는 말들을 늘어놓았습니다. 바빌론에 포로로 잡혀간 이스라엘 사람들은 온통 바빌론의 왕과 그들의 창조신 말둑신의 논리로 뒤범벅인 거대한 도시 한복판에서 하나님을 신앙하지 말라는 협박을 받았습니다. 또한 포로에서 돌아온 유대인들은 여호와 하나님이 아닌 헬라와 로마의 신들, 그리고 그들의 황제가 말하는

현란한 논리를 믿고 따라야 한다는 배교의 위협에 시달렸습니다. 바울과 베드로를 비롯한 예수님의 제자들 역시 온갖 세속적인 신들이 기세등등하게 세력을 확장하는 상황 속에서 비슷한 어려움을 경험했습니다. 그때 바울은 골로새서의 신앙고백을 하나님께 드리고 골로새 성도들과 더불어 나눕니다. 바울은 당대의 골로새교회 성도들과 더불어 세상의 창조자이며 섭리자이신 하나님과 그 아들 예수 그리스도를 찬양합니다. 그들은 세속의 신앙 논리가 어떠하여도 오직 한 분 하나님과 아들 예수 그리스도, 그리고 영으로 인도하시는 성령만을 믿는 믿음 가운데 굳건하게 섰습니다.

순교자이야기

4 우리 순례의 주인공 문준경 전도사는 하나님과 예수 그리스도, 그리고 성령을 알기 전 섬마을의 허무한 종교의식 하늘과 바다를 믿는 신앙에 젖어 있었습니다. 불운한 결혼생활이 인생과 세상의 전부인양 자괴감과 절망에 갇혀 있었습니다. 그렇게 좌절한 채 삯바느질로 살아가던 문준경에게 "예수님을 믿으세요."라는 한 줄기 희망과 같은 제안이 주

어졌습니다. 그 순간부터 문 전도사는 이 세상과 자신을 창조하신 분이 하나님이시라는 사실을 알게 되었고, 하나님을 믿는 신앙 가운데 인생의 모든 닫힌 문이 열리는 경험을 하게 됩니다. 이후 문 전도사는 세상의 주인이신 하나님을 믿는 신앙으로 불신의 세상을 상대했습니다. 예수 그리스도의 십자가를 믿는 굳건한 믿음으로 악한 세상을 이겼습니다. 성령의 능력만이 세상 모든 것을 다시 살릴 수 있다는 믿음을 갖고 세상을 교회로 이끌었습니다.

나의 삶이야기

5 오늘 우리는 우리의 인생과 가족, 공동체의 삶을 만드시고 이끄시는 분이 누구이신지 믿음 가운데 잘 분별해야 합니다. 그리고 삼위 하나님을 믿는 믿음과 예수 그리스도의 십자가 사랑에 대한 확고한 신념, 하나님나라에 대한 소망으로 이 불신과 불확실성의 시대를 이겨야 합니다. 이제 골로새서 1장 15~20절을 다시 한번 묵상한 뒤, 순례의 여행을 떠나는 자신의 마음상태를 아래 빈칸에 기록하여 봅시다. 그리고 이번 순례 여행을 통해 어떤 변화를 기대하는지도 기록하여 봅

시다. 기록을 마친 적은 것을 서로 나누어 봅시다.

....
....
....
....
....
....

기도하며 회복하기

이제 문준경 전도사의 순교영성을 탐방하는 순례의 여정을 시작합니다. 함께 기도하는 시간을 가져 봅시다. 아래 빈칸에 이번 여행 가운데 세운 자신의 기도제목을 적어 봅시다.

....
....
....
....
....
....

순례와
묵상

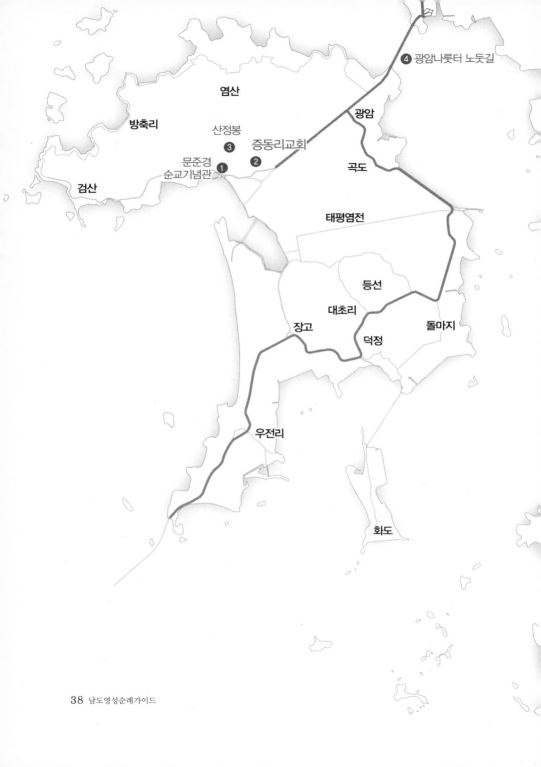

염산

방축리

산정봉
❸

증동리교회

문준경
순교기념관 ❶ ❷

광암나룻터 노둣길 ❹

광암

곡도

검산

태평염전

등선

대초리

돌마지

장고

덕정

우전리

화도

첫 번째 순례

남도의 안디옥, 증동리교회

영적 경외감을 속삭이는 섬

교통이 발달한 오늘에도 증도로 가는 길은 쉽지 않다. 바다를 면하고서도
그 속내를 쉽게 내주지 않는 길들, 야트막한 산자락들을 구불구불 통과하는
사이사이, 아주 조금 바다의 맛을 느끼게 한다. 그 모든 길과 다리들을 지나
서 겨우 증동리 팻말을 낀 높고 긴 다리 증도대교를 만난다. 다리를 건너는
양쪽으로 펼쳐진 남도의 바다는 진회색의 진흙바다이다. 조석의 들고남이
위력적인 재빠른 바다, 그래서 섬사람들을 포함한 온갖 생명체를 품고서도
쉽사리 그 품을 잘 내주지 않는 바다다. 그래서 그런지 바다에서 흔한 갈매
기가 이곳에서는 많이 보이지 않는다. 갯벌이 먹이를 쉽게 얻으려는 습성을
지닌 갈매기에게는 쉽지 않은 땅이기 때문이다. 대신 한 곳에서 진득하게
자리 잡고서 조석으로 하늘이 주는 먹이를 기다릴 줄 아는 왜가리들이 갯벌
곳곳에 보인다. 진지하여 신실하며 속이지 않는 이에게만 품을 내주는 땅,
그래서 쉽지 않은 땅이 증도를 둘러싼 갯벌이다.

제아무리 연륙교가 건설되었고 갯벌에 발을 들이지 않아도 섬에 다가갈 수 있게 되었다 해도, 증도에 발을 디디는 첫 느낌은 종교적이며 영적이다. 무수한 섬들이 한반도를 두르고 있지만, 여느 섬에 비하여 훨씬 더 큰 종교적 경외감을 경험하게 하는 곳이 바로 이 증도다. 고요한 듯 아기자기하고 빼어난 유람하기 좋은 남해의 섬들과 비교할 수 없다. 민머리 같이 단조로운 해안선 사이로 간간히 솟은 기라성 같은 동해의 섬들과도 비교할 수 없다. 서해의 남쪽 끝자락에 선 이 외딴 섬에는 조용한 듯 광풍을 몰고 오는 두려움이 서려 있다. 제아무리 여행객의 마음으로 무심코 바라보자 다짐해도 조용히 인생의 심판대 앞에 진솔한 마음으로 서라는 듯한 영적 재판관의

지금 증도로 들어가는 길에는 증도대교라는 큰 다리가 놓여 있다. 지극히 최근의 일이다. 육지와 연결되기 전에는 증도로 들어가려면 섬을 세 개나 거쳐야 했다.

메시지를 고스란히 전한다. 분명 증도에는 여행객을 겸허하게 하는 종교적 정서가 있다.

원래 증도는 전증도와 후증도, 그리고 우전도, 이렇게 세 개의 섬으로 이루어졌었다. 조선시대때 섬은 소개의 대상이었다. 정부는 사람들이 섬에 살지 못하게 했다. 거제도처럼 같이 어느 정도 큰 섬이 아니거나 진도나 증도 옆, 임자도처럼 전략적인 요충지가 아니고서는 섬에 발을 디디고 살 수 없게 했다. 그런데도 사람들은 섬에 들어갔다. 전증도가 그랬고 후증도가 그랬다. 그렇게 세월이 지나 증도의 섬들에 촌락이 생겼고 섬과 섬 사이에 노둣길이라는 것이 생겨 서로 왕래하게 되었으며, 소금과 생필품과 어물들을 실어 나르고 파는 배들이 정기적으로 드나들기 시작했다.

영적인 섬, 증도에 교회가 세워지다

증도(甑島)는 '시루섬'이라는 원래 이름을 가지고 있다. 시루섬이란 뜻은 섬의 땅이 마치 구멍 뚫린 떡 시루마냥 물을 품지 못하고 흘려버려 붙인 이름이다. 이 섬을 향한 첫 번째 복음 전도도 그랬다. 이곳 사람들은 자기들의 땅이 그런 것처럼 복음을 듣고도 흘려버렸다. 섬사람들은 복음을 품지 못했고 복음은 그렇게 덧없이 흘러가 버렸다.

증도 주민들의 전언에 의하면, 오래 전, 이 땅에 복음이 전파되기 시작했을 때, 남도를 순례하며 선교하던 장로교 사람들이 증도에 들어왔다고 한다. 그런데 바다에 한없이 매달려서 바다와 자연을 향한 굳건한 신앙에 빠져 있던 섬사람들은 기독교 신앙을 배척했다. 그들에게는 하나님과 예수님의 복음보다 하늘과 바다의 변덕스러움이 더 두려운 신앙의 대상이었던 것이다. 그들은 예수라는 양반은 일용할 양식일 수 없다고 여겼다. 그들은 바다의 변덕스러움에 순응하는 것이야 말로 그들의 일용할 양식의 견고한 근원이라 여겼다.

이런 시루섬에 본격적으로 복음 전도를 시작한 사람이 바로 문준경 전도사였다. 시루섬 옆의 큰 섬 임자도에 처음 교회를 개척해서 전도사역을 시작한 문준경은 임자도에서의 사역이 어느 정도 결실을 맺었다고 여기고

증동리교회 전경

1933년 후증도로 왔다. 사실 증도는 그녀가 결혼생활을 처음 시작한 곳이다. 전증도의 등선이라는 마을에서 시작한 남편과의 결혼생활은 좋지 않았다. 그녀를 두고 남편은 소실을 얻어 임자도로 떠났다. 임자도는 그녀가 처음 복음을 전하고 교회를 세운 곳이다. 자식 복마저 없었던 그녀에게 남편 없는 시집 생활은 절망 그 자체였다. 문준경은 자신에게 처한 고통의 근원을 복음의 능력으로 끊어내 버리고자 한 듯 처음에는 임자도, 두 번째는 증도에 교회를 개척했다.

문준경은 시댁 아주버니 정영범의 도움을 받아 먼저 후증도에 교회를 시작했다. 이것이 증동리교회의 시작이다. 정 집사는 시집와서 줄곧 힘들기만 했던 어린 제수씨에게 미안한 마음으로 제수씨 옆에서 신앙생활도 열심히 하고 또 전도자로서 제수씨의 사역을 열심히 도왔다. 그는 자신의 텃밭 자리를 내놓아 증동리에 첫 교회 건물을 건축할 수 있도록 했다. 재미있는 것은 정영범 집사의 손녀 정옥순이 당시에 목포에서 학교를 다녔는데, 이미 독실한 그리스도인이었던 그녀가 작은 할머니 문준경의 이야기를 듣고 할아버지를 설득하여 교회를 건축하도록 했다는 사실이다. 이것이 지금의 증도면 사무소 옆에 위치한 증동리교회의 시작이다.

남도를 향한 복음의 전초기지가 마련되다

후증도 사람들도 문준경을 잘 알았다. 그들은 그녀가 시댁인 등선에서 어떻게 시집살이를 했는지, 그 시댁이 어떤 집안인지 잘 알고 있었다. 그들은 어려운 상황에서 그녀가 시부모에게 어떻게 잘했는지도 잘 알고 있었다. 사실 섬사람들은 암태도 귀한 집 딸 문준경이 어려운 시집살이를 하다가 힘이 들어 목포로 나가버린 줄로만 알았다. 그런데 그런 그녀가 복음 전도자가 되어 돌아왔다. 그리고 돌아와서는 단박에 자신의 시아주버니를 전도했다. 이 이야기는 섬사람들에게 화제가 되었다. 그녀가 전도하기 위해 다니는 이곳저곳에 사람들이 모여들었다. 생과부 문준경이 기독교 신앙을 배우고 돌아와 전도자가 되었고 시댁 아주버니를 전도했다는 이야기는 섬사람들의 흥미를 끌기에 충분했다.

문준경은 섬사람들에게 인생 전환의 뉴스거리를 넘어서는 면모를 보여 주었다. 섬사람들이 가십거리로 삼은 문준경의 이야기는 그녀가 풀어 놓은 보따리의 전부가 아니었다. 그녀는 후증도 곳곳을 다니며 육지의 이야기, 특별히 그녀가 신학을 공부한 경성(京城)에 대한 이야기를 들려주었다. 그녀의 도회지 이야기는 곧 많은 사람들의 호기심을 불러 일으켰다. 이제 막 개화되고 문명화되어 가던 경성이라는 도회지 이야기는 섬마을 청년들에게 큰 관심이 되었다. 전차가 다니고 신식 여성들과 신사들이 거리를 활보한다는 이야기, 라디오 이야기, 무성영화 등에 대한 이야기는 기껏해야 목포나 광주 정도가 도회 경험의 전부였던 섬마을 총각들과 처녀들, 그리고 아이들에게 큰 관심거리가 되었다. 그녀는 곧 각광받는 이야기꾼, 후증도의 엔터테이너(entertainer)가 되었다. 그뿐이 아니었다. 문준경은 노래도 잘 불러서 사람들이 모인 자리에서 흥이 나게 노래를 불렀다. 당대의 유명한 노

기념관에서 가끔 문준경 전도사의 삶을 그린 연극이나 오페라, 음악회가 열린다. 때를 잘 맞추면 공연을 체험할 수 있다. 사진은 문준경 전도사를 기리는 오페라의 한 장면이다.

랫가락도 불렀지만, 「인생모경가」나 「허사가」 같이 매우 복음적이면서도 마음을 움직이는 노래도 많이 불렀다. 사람들은 그녀의 노랫소리를 들으면서 섬마을 삶의 고단함을 내려놓을 수 있었다. 사람들은 그렇게 섬마을 영성의 빗장을 풀어놓기 시작했다.

문준경에게 있어서 이야깃거리와 노랫가락은 소중한 전도의 도구들이었다. 그녀는 복음 전도의 선배들 즉, 무디(Dwight L. Moody)를 비롯한 마틴 냅(Martin W. Knapp), 카우만(Charles E. Cowman), 길보른(Ernst A. Kilbourne), 그리고 정남수와 이성봉 등의 부흥전도 방식에 철저했다. 문준경 전도사를 비롯한 복음 전도자들의 공통점은 우선 흥(興)

으로 사람들을 불러 모으고 섬김과 봉사로 마음을 연 뒤, 열정적인 복음 전파로 사람들을 일깨웠다는 것이다. 당대의 사람들이 흥미가 될 만한 것들로 군중을 모으고 그 자리에서 복음을 전파하여 교회로 인도하는 전도 방법은 19세기와 20세기 초반에 전 세계에 걸쳐 일어난 부흥전도운동의 핵심적인 방법이었다. 전도와 성결의 열정으로 시작된 한국 성결교회 역시 이런 방식의 복음전도를 통해 구령활동에 나섰다. 문준경은 전도와 부흥의 전통에 누구보다 철저했으며, 담대했고, 체계적이었다.

후증도 사람들은 가냘픈 여인네의 구성진 이야기와 인생의 고단함을 감싸 안는 노래, 그리고 이어지는 열정적인 복음전도와 영적 각성의 선포 앞

증동리교회와 순교기념관 뒷산, 산정봉은 가벼운 아침 산행으로 유명하다. 산 정상에 있는 바너럭바위 위에 서 순례자는 자기와 한국 그리고 세상을 대면하게 된다.

에 앞다투어 무릎을 꿇었다. 문준경 전도사에게 있어서 전도란 적어도 이렇게 하는 것이었다. 그녀는 복음을 알지 못하는 이들에게 다가서서 그들의 마음을 열었으며, 인간 누구에게나 필요한 삶의 핵심을 그 열린 마음 가운데 과감하게 찔러 넣었다. 이런 문준경의 세심하고 열정적인 전도로 증동리교회는 곧 섬마을 선교의 거점이요, 영적으로 귀중한 터전이 되었다.

영적 전쟁터, 산정봉 기도처

캐나다 장로교회 선교사들의 선교보고에 의하면, 한국교회 성도들은 새벽기도에 특히 열정적이었다. 교회가 세워진 마을이면 어느 곳에나 새벽기도회가 있었고, 특별히 몇몇 성도들은 교회가 아닌 마을 뒷산 '너럭바위(Neorukbawi)'에 가서 기도했다. 선교지를 돌아보던 선교사들은 새벽마다 마을을 울리는 너럭바위 기도 소리를 들으며 잠을 깼다고 한다.

증동리교회의 뒤에도 야트막한 산이 하나 있다. 문준경은 새벽마다 그 산을 올랐다. 그리고 기도했다. 복음 가운데 신실하게 선 목회자들이 늘 그렇듯, 문준경 전도사는 자신에게 무엇보다 중요한 것이 기도임을 알았다. 그녀는 산정봉을 자신의 기도처로 정하고 그곳 정상 돌바위 위에 기도처를 세웠다. 이 야트막한 산이 문준경 전도사의 기도처요, 영적 전쟁터가 되었다.

섬마을 사람들은 자연으로부터 먹거리와 삶의 터전을 얻어 사는 어느 사람들보다 더 하늘과 바다를 향한 경외감을 갖고 있다. 그들은 하늘과 바다

섬사람들은 섬과 섬 사이 갯벌 한복판에 돌다리의 일종인 노둣길을 놓았다. 그런데 노둣길도 섬과 섬 전체를 잇지는 못했다. 갯벌 한 복판에는 썰물 때 물길인 '개'라는 것이 있었다. 섬사람들은 일단 노둣길 끝까지 와서 옷을 벗어 머리에 이고 이 개를 넘어야 했다. 오래전 우전리교회 할머니 권사님이 지도에서 돼지 한 마리를 사서 몰고 왔는데, 사옥도에서 증도 사이 노둣길(위 사진)을 지나 '개'를 넘어가다가 그만 돼지를 놓치고 말았다는 일화가 전해진다. 섬사람들에게 있어서 육지와 섬은 그만큼 멀고 험했다.

섬사람들에게 자연은 무서운 것이다. 자연은 섬사람들에게 먹을 것과 쉴 곳을 주지만 때로 고통을 안겨주기도 한다. 그래서 섬 사람들은 곧잘 자연을 신처럼 숭배한다. 사진은 우전리에 있는 유명한 당산나무이다.

전라도 지역의 마을 제사 굿을 대표하는 것이 당산제다. 마을의 신체를 당산나무라고 인식하여
이것을 당산신으로 형상화했다. 그들은 당산신을 마을의 수호신이라 믿어 왔다.
당시 당산 굿은 마을풍물패가 제사 굿 전체를 이끌고 마을대표가 제관이 되어 이루어졌다.
마을 앞 당산에서 유교적 제사를 지낸 다음 남녀 편을 갈라 줄다리기를 하고 나서 그 줄을
당산에 감음로 굿을 마쳤다. 다른 도서지역에서 풍어제. 용왕제가 성대히 치러졌는데,
증도에서는 당산제가 더 많이 성행했다.

를 향하여 두려운 마음을 품고 그것들로부터 일용할 양식을 구한다. 그래서 섬마을에는 미래의 안녕을 바라는 기도를 대신 빌어주는 무녀들이 많았다. 증도의 무녀들은 마을과 바다가 한눈에 내려다보이는 산정봉 곳곳에 기도처를 만들어 두었다. 그들은 그 곳에 매일 먹을 것을 가져다 두고 바다를 다스리는 신과 마을과 집안을 다스리는 신에게 제를 지내고 기도를 했다. 사람들은 곧잘 산정봉 무녀들을 의존했다. 때로는 무녀들의 도움없이 직접 제물을 가지고 올라 가기도 했다.

　문준경 전도사는 섬마을의 무지한 영적 풍경과 섬마을의 뿌리 깊은 무속신앙을 단호하게 대처했다. 마을 사람들의 전언에 의하면 문준경은 증동리 교회를 건축하면서 섬마을이 신성하게 여겼던 '당나무'를 베어다가 그것으로 교회의 대들보를 삼았다. 그녀는 섬마을 사람들이 풍어제를 위해 꽹과리를 치고 굿을 할 때, 덩달아 교회 종을 치며 줄어하기 전에는 하나님 앞에 예배를 드리자고 목청을 높였다.

　무엇보다 문준경 전도사는 산정봉의 영적 정화에 애썼다. 그녀는 아침마다 기도하러 산에 올라면서 곳곳에 놓인 무당들의 제물과 그 기물을 치우거나 버렸다. 그녀는 이스라엘의 옛 선지자들이 산당에서 드리는 신앙이 잘못되었음을 외친 것과 같이 증도와 산정봉의 잘못된 신앙을 무너뜨렸다. 성전을 정화하시고 회복시키신 예수님을 본받기라도 하듯 문준경은 산정봉 정상으로 오르내리는 곳곳에 놓인 온갖 잘못된 신앙의 근원지들을 찾아냈고 그것들을 무너뜨렸다. 그녀의 산정봉 기도 시간은 섬마을의 뿌리 깊은 잘못된 신앙과 맞서 싸우는 영적 전투였다.

문준경 전도사가 무당들과 온갖 잡신들의 터전이었던 산정봉을 하나님을 향한 기도처로 삼은 이유는 분명했다. 그녀는 이 섬과 바다를 창조하시고 주관하시는 분은 용왕이나 그 어떤 잡신들이 아닌 여호와 하나님이라는 사실을 행동으로 분명하게 선언했다. 용왕이나 잡신에게 기도하고 그들에게 제물을 바치는 행위로 바다에 대한 두려움과 섬마을 삶의 고단함을 이길 수 없다는 것은 확실했다. 매일 새벽 담대한 기도와 모든 악한 영들을 물리치는 문준경의 행동 가운데 한가지 소망이 있었다. 그것은 섬마을 모든 사람들이 참 하나님 앞으로 나아오는 것이었다. 나아가 문준경은 섬마을 사람들의 삶이 하나님의 사랑과 인도하심 가운데 평안하고 더욱 온전하여 풍성해 지기를 구했다. 매일 새벽 그녀는 그렇게 산정봉에 올라 섬마을 사람들의 복음화와 그들의 삶의 안녕을 위해 기도했다. 그녀는 참으로 영적 전쟁을 두려워하지 않는 전도자였으며 섬마을 전체를 품는 참 목자였다.

남도의 안디옥교회가 되다

증동리교회는 후증도의 광암선착장, 지금의 증도대교가 선 자리로부터 섬으로 들어오는 길의 초입에 있는 증도면사무소가 선 바로 옆 자리에 위치해 있다. 말하자면 후증도의 중심가 한복판에 교회가 서 있는 것이다. 증동리교회는 문준경 전도사의 열정적인 복음전도 사역의 결실들로 충만한 교회였다. 증동리교회 성도들은 갈대아 우르를 떠난 아브라함처럼 이전에 섬

문준경전도사 시절 증동리교회의 종소리는 마을 사람들의 일상을 지켜주는 타임키퍼였다. 교회의 종은 아침과 저녁의 일과를 알리는 역할을 했다. 증동리교회의 종소리는 마을 사람들의 영적 깨달음을 촉구하는 소리이기도 했다.

겼던 온갖 잘못된 신들을 과감하게 버렸다. 그들은 십자가 앞에 서서 오직 하나님만을 섬기겠다고 고백했다. 그들은 곧이어 증동리교회를 세우는 일에 앞장섰다. 그들은 먹고 살 자원이 부족했던 섬마을에 살면서 낮이면 바다와 갯벌, 산과 밭으로 일하러 가야했다. 고단한 삶이었다. 그러나 그들은 교회를 세워야 한다는 사명 아래 저녁이 되고 밤이 되어서도 교회 짓는 일에 마음을 다하고 힘을 다했다. 그들은 횃불을 켜고 밤을 지새우며 교회를 건축했다. 어른 아이 할 것 없이 모두 한마음으로 저 멀리 전증도 옆 버지선 착장으로부터 자재를 짊어지고와서 교회를 지었다. 그들은 증동리교회가 남도의 여러 섬마을 사람들에게 빛과 소금이 되기를 간절히 바랐다.

성도들의 헌신으로 증동리교회 건물이 세워지자 교회는 본격적으로 지역교회 공동체로서의 면모를 갖추기 시작했다. 우선 문준경 전도사는 당대의 유명한 전도자와 부흥사였던 이성봉 목사님을 모시고와 증동리교회 성도들에게 세례를 베풀었다. 아울러 말씀과 성령으로 충만하게 하는 영적 부흥집회를 열었다. 문준경 전도사는 누구보다 아이들을 사랑했다. 아이를 갖지 못한 아픔 때문이었는지, 문 전도사는 교회에 교육의 장을 열어 어린아이들을 신앙으로 양육하고 교양을 가르치는 일에 무엇보다 헌신했다. 시계하나 변변히 갖추지 못한 당시 사람들에게 증동리교회 종소리는 공공기관의 역할도 감당했다. 교회의 종소리가 바다와 갯벌, 들과 산에서 일하는 섬사람들에게 물 시간과 배 시간을 알려주기도 했다. 그렇게 증동리교회는 아름다운 하나님의 교회 공동체로 세워져갔다.

증동리교회가 자리를 잡아가던 시점, 산정봉에서 기도하던 문준경 전도사는 증도 일대, 잿빛 갯벌로 뒤덮인 바다와 송송히 자리 잡은 섬들을 바라보았다. 문준경 전도사는 증도 일대의 섬들과 바다, 그리고 그곳 사람들을 바라보며 그 땅과 사람들을 예수 그리스도의 십자가 아래로 인도해야 한다는 사명감으로 충만해졌다. 그녀는 사역자로서 어김없이 예상되는 고달픈 여정에 굴하지 전혀 않았다. 전도자 문준경은 남도의 안디옥교회가 된 본거

지, 증동리교회를 넘어서 새로운 땅 끝을 향하여 나아가기로 했다. 바울이
이방인을 향하여 전도자로 세움 받았듯 그녀 또한 본격적으로 가난과 무지
가운데 억압받고 있는 영혼들을 위해 섬마을 전도자로 일어서기 시작했다.

　문준경 전도사가 기도하던 산정봉 기도처에서 바라본 우전도의 해송 숲
은 신기하게도 한반도와 유사한 모습을 하고 있다. 문준경 전도사 시절에는
당연히 존재하지 않았을 한반도 모양의 해송 숲을 보고 있으면 마치 문준경
의 선교 비전이 실현된 오늘의 한국교회의 결실을 보는 것 같다. 매일 아침

산 정상에서 피와 땀으로 기도했던 문준경 전도사의 남도 복음화의 꿈이 이제 남도를 넘어서 한반도 전체를 향하여 나아가고 있다. 우전도의 한반도 해송 숲은 마치 문 전도사의 비전 어린 기도가 실현되어가고 있다는 것을 암시라도 하듯 지금 멋지게 펼쳐져 있다. 한반도뿐이 아니다. 문 전도사의 증동리교회 개척과 산정봉에서의 기도가 한반도를 넘어서 세계 선교의 여정으로까지 이어지고 있다. 수를 셀 수 없을 정도로 수많은 기독교 지도자들이 이 땅 증도에서 일어나 한반도를 넘어 세상에 복음을 전하는 일꾼으로 나아가고 있는 것이다.

실제로 1930년대 문준경 전도사와 증동리교회 성도들은 증동리 일대 지역에만 제한된 교회로 머물지 않았다. 증동리 성도들은 건축된 교회를 본거지 삼아 주변 섬 곳곳에까지 복음을 전하고자 하는 마음을 품었다. 증동리 성도들은 주변 섬마을 사람들도 예수님의 십자가 사랑과 하나님나라의 복음을 듣고 그들도 잘못된 인습과 신앙에서 벗어나고 복음으로 온전한 삶을 살게 되는 놀라운 일들이 일어나기를 바랐다. 더 이상 하늘과 바다를 상징하는 거짓신들에게 맹목적으로 매달리지 않는 삶, 오직 하나님만을 신앙하는 새로운 삶을 일구는 섬마을의 변화를 꿈꾼 것이다.

문준경 전도사는 교회의 비전에 적극적으로 부응했다. 문준경 전도사와 증동리교회는 전하는 참교회로서의 모습으로 일어서기 시작했다. 증동리교회는 기독교 초기 안디옥교회처럼 문준경을 섬마을 전도자로 세우고 곳곳에 그녀를 파송했다. 증동리교회는 후증도 방축리와 염산리에 기도처를 세웠다. 이어서 전증도에 대초리교회를 세우고, 우전도에 기도처를 세웠다.

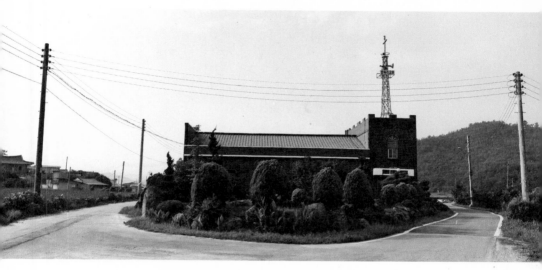

문준경 전도사는 증동리교회를 개척한 후, 곧 주변 마을에도 기도의 전초기지를 세웠다. 오늘날의 방축리 교회도 문전도사의 기도처 중 하나이다.

증동리교회 공동체는 섬마을 교회들의 진정한 어머니 교회였다. 더불어 증동리교회는 남도의 안디옥교회였다.

순교자
문준경 전도사를
기리며

파도가 들려준
순교자의 이야기는
신안 앞바다의 밀물처럼
잔잔한 감동의 연속입니다

남도 바람에 실려 온
바울만큼이나 처절한
순교자의 삶과 죽음은
폭풍을 안고 온 쓰나미처럼
마음을 흔들어 놓았습니다

증도 섬을 뒤덮은
붉은 저녁노을과
회색구름과
빗방울은
아직도 지워지지 않는
순교자의 피와 눈물입니다

구름을 가르며
이제 보이기 시작하는
순도 높은 소금 빛 같은
무공해의 하얀 햇살은
한알의 밀알로 죽어
수많은 빛의 자녀를 낳고
의의 열매를 맺은
순교자의 발자취를 밝히는
하늘의 영광입니다

길가에 언뜻언뜻 보이는
천사의 섬에 핀
들꽃의 단아한 미소는
암울한 시대를 사는 우리에게
순교자가 보내는
위로의 메시지입니다

진한 감동으로
가슴앓이를 하며
그 옛날
순교자가 걸었던
논두렁길
갯벌길을
침묵으로 기도하며 걸었습니다

밤하늘
유난히도 밝았던
당신의 별을 보았습니다
당신을 둘러싼
수많은 다른 순교자들의
별빛도
가슴에 담았습니다

죽기 위해 살았던
당신을 생각하면
삶은 사명입니다
오늘 살아있음이
은혜요 감사입니다

문성모
서울장신대 전총장

가시채를 뒷발질하다

- 읽을말씀: 사도행전 26장 9~18절
- 새길말씀: 일어나 너의 발로 서라 내가 네게 나타난 것은 곧 네가 나를 본 일과 장차 내가 네게 나타날 일에 너로 종과 증인을 삼으려 함이니 (행 26:16)

이 말씀을 묵상한 순례자는

그리스도 예수를 온전히 알기 전의 삶과 알고 난 후의 삶을 구별하여 구원 받고 변화된 사람으로서 삶을 새롭게 결단합니다.

말씀읽기

다같이 사도행전의 말씀을 읽겠습니다.

9. 나도 나사렛 예수의 이름을 대적하여 많은 일을 행하여야 될 줄 스스로 생각하고

10. 예루살렘에서 이런 일을 행하여 대제사장들에게서 권한을 받아 가지고 많은 성도를 옥에 가두며 또 죽일 때에 내가 찬성 투표를 하였고

11. 또 모든 회당에서 여러 번 형벌하여 강제로 모독하는 말을 하게 하고 그들에 대하여 심히 격분하여 외국 성에까지 가서 박해하였고

12. 그 일로 대제사장들의 권한과 위임을 받고 다메섹으로 갔나이다

13. 왕이여 정오가 되어 길에서 보니 하늘로부터 해보다 더 밝은 빛이 나와 내 동행들을 둘러 비추는지라

14. 우리가 다 땅에 엎드러지매 내가 소리를 들으니 히브리 말로 이르되 사울아 사울아 네가 어찌하여 나를 박해하느냐 가시채를 뒷발질하기가 네게 고생이니라

15. 내가 대답하되 주님 누구시니이까 주께서 이르시되 나는 네가 박해하는 예수라

16. 일어나 너의 발로 서라 내가 네게 나타난 것은 곧 네가 나를 본 일과 장차 내가 네게 나타날 일에 너로 종과 증인을 삼으려 함이니

17. 이스라엘과 이방인들에게서 내가 너를 구원하여 그들에게 보내어

18. 그 눈을 뜨게 하여 어둠에서 빛으로, 사탄의 권세에서 하나님께로 돌아오게 하고 죄 사함과 나를 믿어 거룩하게 된 무리 가운데서 기업을 얻게 하리라 하더이다

말씀읽기

1   사람의 뇌는 다른 생명체들과 마찬가지로 안정적인 것을 좋아한답니다. 그래서 뇌는 정보와 지식을 아는 만큼만 창의성을 발현합니다. 또 뇌는 경험한 것 안에서만 판단과 결론을 내리는 것을 즐깁니다. 그래서 일상적이고 규칙적인 것을 좋아하는 사람의 뇌에 경험하지 못한 것, 알지 못하는 것이 다가오면, 뇌는 일단 그 상황을 힘들어 합니다. 그리고 그 생경하고 알지 못하는 것을 처리하느라 힘들어 합니다. 그러다 보니 당장에는 주어진 새로운 것을 받아들이지 않으려고 하거나 뇌신경 상에서 처리하지 않으려고 합니다. 흥미롭게도 종교적 경험은 뇌에 매우 생경한 것으로 여겨진다고 합니다. 종교와 신앙의 경험은 우리 인간의 일상에서 우리가 이제껏 알고 누려오던 것들을 포기하고 내려놓으라고 요구합니다. 우리가 지금까지 살아온 방식을 넘어서라고 합니다. 그러다 보니 우리의 뇌와 우리의 마음과 우리의 정신이 종교적이고 신앙적인 경험을 생소하게 여겨서 잘 받아들이려 하지 않습니다. 우리 인간에게 예수 그리스도의 십자가와 성령의 은혜, 하나님의 형언할 수 없는 사랑이 임하게 되었을 때 그것이 우리의 삶을 변화시키는 데까지 이어지기 어려운 이유가 여기에 있습니다.

2   세속의 정신은 늘 "하던 대로 하라"고 우리를 종용합니다. 세상과 사탄은 우리로 하여금 늘 세속의 방식이 정해준 대로, 그 탐욕스럽고, 자기중심적이며, 건강하지도 않고 늘 불의하기만한 방식, 그러나 다른 한편으로 쾌락적이고 욕구 충족적이며 편리한 방식을 그대로 유지하면서 사는 것이 좋다고 말합니다. 그렇게 세속의 족쇄에 우리를 옭아매는 가끔씩 던져주는 쾌락이라는 먹이에 만족하며 살라고 끊임없이 우리를 조종합니다. 그러나 우리 삶에는 세속적인 정신의 자극만 존재하는 것이 아닙니다. 우리가 살아가는 세상에는 하늘 하나님에게서 임하는, 사랑이 충만하고 이타적이며 회복을 지향하는 정의로운 삶의 자극들도 존재합니다. 바로 신앙적이며 영적인 자극들입니다. 하나님께서는 구약의 선지자들과 그들이 기록한 말씀을 통해, 그리고 이 세상을 주관하시는 성령의 능력으로, 무엇보다 예수 그리스도의 십자가 능력으로 잠자는 영혼을 일깨우시려고 끊임없이 우리를

자극하십니다. 그리고 우리로 하여금 현재의 죄된 상태, 건강하지 못하고 불의한 상태로부터 도약하여 보다 나은 영적 삶의 상태로 나아오라고 말씀하십니다. 하나님께서는 아들 예수 그리스도의 십자가 사랑과 능력으로 우리를 변화의 과정으로 이끌어 내십니다. 혹여 그 사랑의 자극을 애써 외면하면서 멸망으로 이어지는 쾌락적인 안락함에 머물러 있지는 않습니까? 변화가 두려워서 현재라는 동굴에서 안락함에만 빠져 지내고 있지는 않은지 돌이켜 봐야 합니다.

3 사도 바울은 유대의 율법주의와 선민의식에 빠져 있던 사람이었습니다. 그는 예루살렘을 중심으로 하는 유대교의 전통과 질서를 유지하고 옹호하던 사람이었습니다. 그에게 있어서 갈릴리 예수 그리스도와 그 추종자들은 타도의 대상이었습니다. 그런 그가 갈릴리 사람 예수의 추종자들을 모조리 잡아들일 계획을 세웠습니다. 그리고 다메섹으로 길을 떠났습니다. 그 길에서 바울은 그의 인생 전체를 자극하며 변화를 촉구하기 위해 오신 예수님을 만나게 됩니다. 예수님께서는 바울에게 이렇게 말씀하셨습니다. "사울아 사울아 네가 어찌하여 나를 박해하느냐

가시채를 뒷발질하기가 네게 고생이니라"(14절). 예수님은 지금 바울이 하는 행동이 얼마나 잘못된 것인지를 일깨우셨습니다. '가시채를 뒷발질한다'는 말은 잘못된 행동으로 신성을 모독한다는 의미를 지닌 고대 속담입니다. 바울은 지금 유대교의 신성을 바르게 잘 세우기 위해 다메섹으로 가고 있는데, 그런 바울에게 그것이야말로 참 신성을 추구하는 바울의 영성과 신앙에 위배되는 것이라고 예수님께서 자극하신 것입니다. 예수님께서는 예수님 자신과 예수님의 십자가를 믿는 것이야말로 참 신성을 향한 신앙과 영성을 완성하는 길이라고 제안하시며 바울에게 이제 어둠에서 나와 참 빛 앞에 서서 스스로 삶을 도약시키라고 하신 것입니다.

🐇 순교자이야기

4 우리 순례의 주인공 문준경 전도사가 목포에서 삯바느질을 하며 생활할 때의 일입니다. 북교동성결교회의 전도자들이 문 전도사의 집을 찾아왔습니다. 그리고 문전도사에게 "예수를 믿으라"고 권합니다. 그 말을 듣는 순간, 문 전도사는 일생의 새로운 변화를 직면하게 되었

습니다. 그녀를 사로잡고 있던 모든 것에서부터 발을 떼어 새로운 인생의 지경으로 나아갈 방법을 알게 된 것입니다. 그 길로 문 전도사는 그들을 따라 나섰습니다. 그리고 북교동교회에 가서 예수 그리스도를 영접하고 성령으로 충만하게 되었습니다. 십자가 예수 그리스도께서 그녀의 인생에 찾아오셔서 변화를 촉구했을 때, 그녀는 일어섰습니다. 삯바느질거리로 가득한 어두운 방 한 켠이 그녀 인생의 전부가 아님을 알게 되었습니다. 그녀에게는 전혀 새로운 삶과 비전이 기다리고 있었습니다. 그렇게 변화를 촉구하는 예수 그리스도의 음성에 적극적으로 응답했을 때 그녀에게는 새롭고 높은, 더 넓은 사명의 인생이 펼쳐지게 되었습니다. 그녀는 더 이상 생각시 문준경, 소박맞은 문준경이 아니었습니다. 그녀는 이제 예수 그리스도의 문준경, 복음의 문준경으로 거듭나게 되었습니다.

생각해 봅시다. 오늘 나의 인생이 어딘가에 주저앉아 있지는 않습니까? 오늘 나의 인생이 어느 어두운 방 한 켠에 제한되어 구속당하여 있지는 않습니까? 그것이 세상과 사탄의 계획이며 모략이라면, 우리는 그 간계한 모략을 넘어서야 합니다. 그리고 일어서야 합니다. 지금 예수님께서 우리 인생에 찾아오셨습니다. 그리고 변화의 길로 안내하겠다고 하십니다. 예수님의 손을 잡고 일어섭시다. 그리고 깊이 있는 인생, 더 넓은 사명의 인생, 더욱 숭고한 헌신의 인생으로 나아갑시다.

기도하며 회복하기

이제 문준경 전도사 순교영성을 순례하는 두 번째 시간입니다. 사도행전 26장의 말씀을 다시 한번 묵상하고 두려움 없이 변화로 나아가기 위해 결단의 기도를 드려 봅시다. 하나님의 영이 우리의 결단과 함께하실 것입니다.

나의 삶이야기

5 증동리교회에서 바라다보이는 넓은 갯벌을 생각해 봅시다. 산정봉 정상에서 보았던 넓은 신안의 바다를

....
....
....
....
....   ,
....
....

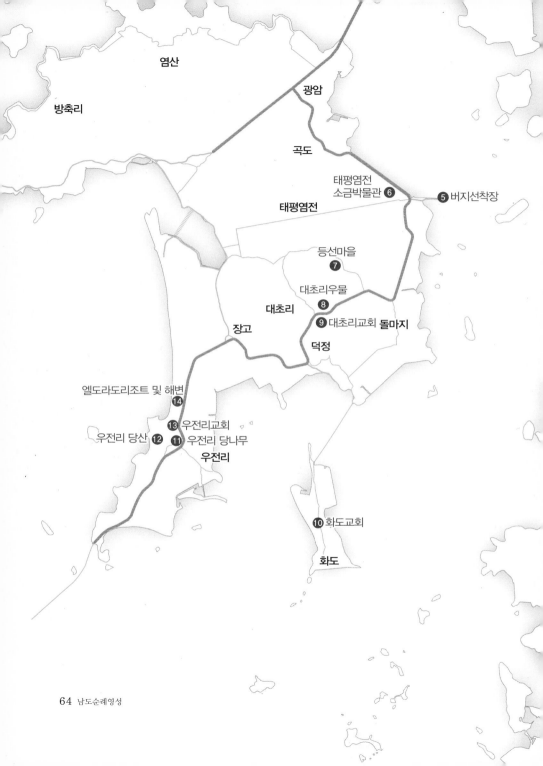

염산

방축리

광암

곡도

태평염전
소금박물관 **6**   **5** 버지선착장

태평염전

등선마을
7

대초리우물
8

대초리   **9** 대초리교회 **돌마지**

장고   덕정

엘도라도리조트 및 해변
14

13 우전리교회

우전리 당산 **12** **11** 우전리 당나무

우전리

10 화도교회

화도

두 번째 순례

대초리교회와 섬마을 교회들

믿음의 계보

그리스도인이 천국에 이르러 겪게 될 가장 기쁜 사건은 그 믿음의 대를 이은 신앙의 후예들을 만나는 것이다. 아담과 셋은 끊어질 뻔했던 계보가 계속되어 에녹과 무드셀라, 그리고 노아로 이어졌다(창 5:3~29). 세상 모두가 하나님의 의와 사랑을 알지 못한 채 우상 숭배에 빠져 있을 때 아브라함은 하나님의 부르심에 응답하여 자신이 살던 땅을 떠나 하나님께서 명령하신 곳, 가나안으로 갔다. 그리고 그곳에서 믿음의 계보를 이어 갔다(창 12:1).

문준경 전도사의 위대함은 셋과, 노아, 그리고 아브라함처럼 스스로 신앙의 자손들을 많이 키웠다는 점이다. 문준경은 결혼생활이 원만하지 못해서 생긴 아픈 마음을 평생을 품고 살았다. 무엇보다 문준경은 육신의 자녀를 두지 못한 안타까움으로 한평생을 살았다. 그러나 그녀는 육신의 자녀가 없음을 한탄하는 삶에 빠져들지 않았다. 그녀는 스스로 아브라함의 믿음의 계보 가운데로 들어섰고 그 신실한 사역과 헌신을 통해 영적 자녀들을 많이 키워냈다.

문준경 전도사가 처음 신앙생활을 시작한 때는 결혼생활이 원만하지 못하여 아픔이 절정에 이르던 1927년 경이었다. 이 때 그녀는 큰 오빠가 살던 목포에 혼자만의 거처를 만들어 삯바느질로 생계를 꾸리며 살았다. 그러던 어느 날, 그녀의 일터에 북교동성결교회 성도가 찾아왔다. 그리고 삶의 시름 속에서 희망의 길을 알지 못했던 그녀에게 "자매님, 예수 믿으세요." 라고 말했다. 그 한마디가 그녀의 마음에 큰 불을 지폈다. 그로부터 그녀는 북교동교회에서 온전하여 열정적이고 성결한 신앙인의 생활을 시작했다. 성결교회의 기록에 의하면, 당시 그녀는 북교동교회의 성결을 체험한 신실한 신자로 특별히 압해도 지역의 복음전도를 담당한 집사였다.

이 시기를 전후로 문준경 전도사는 그녀를 '위대한 전도자 문준경'으로 만든 신앙의 선조들을 만났다. 그분들은 바로 성결교회 부흥의 장본인들인 장석초 목사와 김응조 목사, 그리고 이성봉 목사이다. 장석초 목사는 문준경이 처음 북교동교회에서 신앙생활을 시작하던 시점의 영적 스승이었고, 김응조 목사는 그야말로 문준경으로 하여금 온전하여 성결한 그리스도인의 삶이 무엇인지를 가르친 분이다. 그리고 이성봉 목사는 전도자로 길을 나선 문준경에게 전도 사역의 중요성과 참 목자의 삶에 대해 가르친 위대한 은사이다.

문준경 전도사는 신앙의 후예들도 많다. 문준경에게 신앙을 배운 대표적인 사람 중 한국대학생선교회(CCC)를 설립하고 총재를 역임한 김준곤 목

대초리교회

사가 있다. 김준곤 목사는 문준경 전도사를 자신이 어릴 때부터 신학교에 다니던 시절까지 기도로 뒷바라지해 주시고 영적으로 이끌어 주던 위대한 스승으로 기억한다. 상담심리학으로 유명한 정태기 박사는 자신의 일생에 걸친 신념에 대해 말하면서 언제나 '인간의 고난이란 것이 근본적으로 신앙 안에서 이길 수 있는 것'이라는 깊이 있는 고백을 가르친 스승 문준경을 떠올린다고 한다. 이렇게 한국사회와 기독교 역사에 이름을 남긴 위대한 사람들 말고도 문준경에게는 신실한 신앙의 후예들이 많이 있다. 지금 한국교회에는 수백 명에 이르는 문준경의 후예 목회자들이 복음을 위해 헌신하고 있다. 또 증도와 그 일대 섬마을에는 수를 헤아릴 수 없을 정도로 많은 신실한 신앙인들이 자신이 문준경의 신앙의 후예라고 자처한다.

신실하고 헌신적인 동역자들

사도 바울에게 바나바, 실라, 루디아, 디모데 등의 동역자가 있었던 것처럼 증동리교회 문준경 전도사에게도 신실한 동역자들이 있었다. 백정희 전도사와 양도천 전도사가 바로 그들이다. 증동리교회가 섬마을을 위한 안디옥교회로 우뚝 서게 되면서, 문준경은 전증도와 우전리를 주로 다니며 복음

백정희 전도사는 문준경 전도사의 빈 곳을 채울 줄 아는 훌륭한 동역자였다. 문준경 전도사가 부재중일 때 교회를 지키는 일과 교회의 살림을 꾸리는 일 등이 모두 백 전도사의 몫이었다. 백 전도사는 증동리교회 후에도 섬마을을 위한 목회 사역자로 한평생을 살았다.

을 전했다. 때문에 증동리교회를 비우는 날이 잦아졌고, 결국 증동리교회는 목자가 자리를 비우는 경우가 많아졌다. 그 빈자리를 백정희 전도사와 양도천 전도사가 메웠다.

양도천 전도사는 원래 이북 사람으로, 해방이 되어 홀로 월남하였다가 한국전쟁 후 휴전선이 막히는 바람에 고향에 돌아가지 못하고 가족과 헤어진 실향민이었다. 그는 신앙이 매우 깊은 사람이었고 문준경 전도사의 신앙과 영성, 목회 방향을 누구보다 잘 이해한 사역자였다. 이성봉 목사와도 스승과 제자 같은 관계를 맺고 있어서 한때 이성봉 목사가 자신의 후계자로 삼으려 했었다. 고향에 부인을 두고 온 기혼자로, 이후에도 평생 결혼하지 않고 홀로 살았다고 한다.

1930년대와 40년대, 그리고 50년대에 이르면서 한국 기독교, 특별히 성결교회 지도자들이 집중했던 사역의 핵심은 바로 '종말론'이었다. 당시 남도 사역에 집중했던 문준경 전도사도 이 궤적에서 크게 벗어나지 않았고 양도천 전도사 역시 마찬가지였다. 일제 말기와 해방의 혼란스런 정국과 한국전쟁이라는 고통스런 상황 속에서 성결교회 지도자들은 성도들에게 다시 오실 주님의 소망을 일깨웠다. 그리고 어떤 고난 속에서도 신앙의 힘으로 신실하게 현실을 이겨나가도록 성도들을 격려했다.

백정희 전도사 역시 문준경 전도사의 훌륭한 동반 사역자였다. 양도천 전도사가 문준경 전도사의 신앙과 신학을 공유한 동반자적 관계였다면, 백정희 전도사는 그야말로 문준경 전도사의 그림자 같은 존재였다. 백 전도사는 논산의 양반 출신으로, 집안 전체가 논산 일대의 유력가였다. 백 전도사도 문준경 전도사와 마찬가지로 결혼생활이 원만하지 않았다. 그녀는 세상에 미련을 두지 않고 복음을 전하는 일과 목양에 매진한다. 백 전도사는 문준경 전도사가 섬마을을 순회하는 내내 증동리교회를 지키고 증동리 성도들을 돌보았다. 그리고 문준경 전도사의 뜻을 이어 성도들에게 신앙과 영성을 훈련시키곤 했다. 때로 증동리교회 성도들이 문준경 전도사보다 백정희 전도사를 더 따르는 것 같다는 이야기가 흘러나오는데도 문준경 전도사는 흔들림 없이 백 전도사에게 증동리교회 목회를 위임했다고 한다.

양도천 전도사, 백정희 전도사와 함께한 문준경 전도사의 동반 사역은 바울의 사역과 많은 부분이 닮아 있다. 바울도 무수히 많은 교회를 개척하는

문준경이 17살 때 시집와서 살던 등선마을

가운데 동반 사역자들을 세웠다. 아굴라와 브리스길라, 디모데가 대표적이다. 이들은 바울의 지역교회 동반 사역자로서 바울의 선교여행에 동역하지 않았으나 세운 교회를 지키고 성도들을 위해 목양의 헌신을 다한 사람들이다. 문준경 전도사도 백정희, 양도천 전도사와의 돈독한 동반 관계를 기반으로하여 섬마을 선교에 매진할 수 있었다. 이 세 사람의 신실한 동반관계는 문준경 전도사가 순교한 이후에도 한동안 계속되었다. 백정희 전도사와 양도천 전도사는 문준경의 순교 후에도 계속 교회를 맡아 사역했다. 그리고 문준경 전도사가 선교한 섬마을들과 개척한 교회들을 위해 헌신을 계속했다. 양도천 전도사는 한국전쟁 이후 목사가 되었다. 그리고 백정희 전도사와 더불어 증동리교회에서 신실하고 깊이 있는 신앙과 영성을 세워갔다. 둘 다 독신으로 살던 터라 사람들이 둘의 관계를 의심하기도 했지만 두 사람은 그런 소문에 휩쓸리지 않았다. 양도천 목사는 후에 종말과 관련된 이단에 휩쓸리기도 했지만 그런 사단이 발생하기 전까지는 더욱 깊은 신앙을 추구하는 마음으로 근처의 무인도에 들어가 40일 금식기도를 두 번이나 거듭했다. 백정희 전도사는 증동리 성도들을 위해서 신실한 목양에 더욱 매진했다. 지금 우리가 만나는 증동리교회의 깊이 있고 신실한 신앙은 문준경 전도사가 싹을 틔우고 백정희 전도사가 결실을 맺었다 해도 과언이 아니다.

섬마을 선교사역의 탁월한 기초, 대초리교회

지금은 잘 닦인 도로가 나 있는 장고리와 대초리, 그리고 등선리 일대는 '전증도'라 불리던 곳으로 '후증도', '우전도'와 별도의 섬이었다. 예전에는 증동리와 우전리 사이 얕은 바다가 가로막고 있었다. 그래서 예전 사람들은 '노두'라 불리는 돌길을 만들어 두었다가 썰물 때가 되면 노두로 섬 사이를 왕래했다. 말이 돌길이지, 그 길은 누구나 쉽게 왕래할 수 있는 그런 종류의 길은 아니었다. 썰물 때만 그 모습을 드러내니 당연히 돌에 물이끼와 해초, 그리고 진흙이 가득했다. 좁고 미끄럽고 울퉁불퉁한 길이었다.

전증도 대초리쪽 사람들에게 증동리교회 이야기가 들려왔다. 몇몇 사람들에게 증동리교회에 가보고 싶은 마음이 생겼다. 그러나 노둣길을 넘나드는 여정 때문에 집회의 시간을 맞추기란 쉽지 않았다. 지금의 소금박물관이 있는 쪽 노둣길이 등선리 방향에서 증동리로 가는 빠른 노둣길이었다. 그나마 그 길이 물이 제일 늦게 들어차고 가장 일찍 빠지는 길이긴 했지만, 그래도 예배시간을 맞추어 섬을 넘나드는 일은 쉬운 일이 아니었다. 결국 산정봉에서 기도하며 증동리교회를 목회하던 문준경 전도사가 길을 나섰다. 문준경은 늘 그렇듯 고무신을 신고 노둣길을 건넜다. 쉽지 않은 행보였다. 바울과 바나바 역시 로마인들이 닦은 돌길을 걸어 선교지들을 다녔을 터이나 문준경이 건넜던 노둣길과는 비교도 할 수 없는 일이다. 그렇게 1932년 대초리교회가 시작되었다.

전도자로서 전증도에 발을 내딛은 문준경 전도사는 가장 먼저 등선에 가

문 전도사는 대초리에 복음을 전할 때, 먼저 특히 아낙들과 아이들이 많이 모이는 우물가에서부터 복음을 전했다. 대초리교회 선교는 초대교회 사도들과 바울의 선교가 보여준 것과 같은 복음 전파의 전형적인 패턴을 따랐다.

서 시댁에 인사를 했다. 그리고 등선리를 기반으로 한 고개 넘어에 있는 큰 마을 대초리로 가서 전도활동을 시작했다. 문준경은 처음 대초리 입구에 있는 공동우물가에서 전도를 시작했다. 마을 아낙들이 많이 모여드는 대초리 우물가가 금세 문준경의 청아한 노랫소리와 복음을 전하는 열정으로 뒤덮였다. 대초리교회는 그렇게 우물가 주변 작은 농가에서 시작되었다.

처음 대초리에 기도처가 들어서고 얼마 지나지 않았을 때에 대초리 사람들은 문준경을 경계했다. 그녀가 고개 너머 등선 사람이라는 것을 알면서도 그녀의 전도활동과 예배를 방해했다. 한번은 일단의 술 취한 무리들이 난입하여 행패를 부리기도 했다. 문준경은 그 때마다 사람들과 대화했고 사람들

인생모경가 (人生暮境歌)

─(찬송214곡)─

1 꿈결같은이세상에　　산다면늘살까
　일생의향락좋데도　　바람을잡누나
　험한세월고난풍파　　일장춘몽이아닌가
　슬프도다인생들아　　어디로달려가느냐

2 이팔청춘그꽃다운　　시절도지나고
　혈기방강그창년도　　옛날이되누나
　성공실패꿈꾸면서　　웃고우는그순간에
　청치않은그백발이　　눈서리휘날리누나

3 해와달과별같이도　　총명하던정신
　안개구름담북끼여　　캄캄해지누나
　모든정욕다패하고　　아무낙도없어지니
　땅에있는이장막은　　무너질때가되누나

4 인삼녹용좋다해도　　늙는걸못막꼬
　진시황의불사약도　　죽는데허사라
　인생한번죽는걸을　　누가감히피할소냐
　분명하다이른사실　　너도나도다당하네

5 꽃이며며진후에는　　열매를맺구요
　엄동의설한지나면　　양춘의오누나
　어무운밤지나가면　　빛난아침이오리너
　이세상을다지난후　　영원한천국오미라

6 근심마라너회들은　　하나님믿으니
　또한나를믿으라고　　주말씀하신다
　내아버지그집에는　　있을곳이많다지요
　기쁘도다주님함께　　영원히같이살미라

7 장전너편에종소리　　내귀에쟁쟁코
　브석성에그광새는　　눈앞에찬탄라
　앞서가신성도들이　　주님함께기다린다
　어서가자내고향에　　할멜루야또아멘

문준경 전도사는 섬마을 사람들에게 복음을 전하면서 이성봉 목사의 '인생모경가'와 이명직 목사의 '허사가'를 많이 불렀다. 사람들은 인생살이의 덧없음과 복음의 필요성에 대해 말하는 문준경 전도사의 노랫소리를 들으며 복음을 받아들이고 복음 가운데 새 삶을 도모할 기회를 얻었다.

후증도

모랫길

노둣길

노둣길

전증도

노둣길

우전도

화도

문준경 전도사 시절 증도는 대초리, 장고리 그리고 등선리 일대가 있는 전증도와 지금의 증도면 사무소가 있는 증동리, 방축리 등이 있는 후증도, 그리고 우전리 일대가 있는 우전도의 세 개 섬 으로 나뉘어 있었다. 각 섬은 노둣길 등으로 연결되어 썰물때에만 서로 왕래할 수 있었다.

을 설득했다. 집집을 다니며 전도를 하거나 거리에서 전도를 하다가 때로 옷이 찢기기도 하고 모욕을 당하기도 했다. 어느 집에 들어가 그 집을 돌보고 그 집을 위해 기도하며 전도할라치면 마루 앞에 놓인 문준경의 고무신을 찢어 놓는 경우도 있었다.

그러나 문준경은 대초리 일대에 복음 전하는 일을 쉬지 않았다. 그리고 마침내 작은 대초리교회 공동체를 일구게 되었다. 대초리에 예배터전과 교회가 세워지자 문준경은 곧 주변을 돌아보기 시작했다. 대초리교회를 전초기지 삼아 주변을 선교하기 시작한 것이다. 대초리로부터 장고리로 넘어가는 사이에는 섬마을 사람들 표현에 '잠둥길'이란 작은 언덕길이 있었다. 문

섬마을 곳곳 잠둥길

준경은 그 고개를 넘어 장고리를 지나 우전도 쪽으로 갔다. 우전도는 꽤 큰 부락을 가지고 있었으나 마을 사람들의 폐쇄성은 증동리나 대초리보다 심했다. 문준경은 그 곳 한 집에서 병든 처자를 위해 기도했다. 그리고 병이 낫도록 했다. 그렇게 그 처녀의 가정에서 우전리 기도처와 훗날 우전리교회가 시작되었다.

지금 대초리에는 약 백여 명 되는 사람들이 신앙을 키워가는 아름다운 교회 건물이 하나 들어서 있다. 증도를 여행하던 사람이 그 아름다움 때문에 발길을 멈추는 몇 안 되는 곳 가운데 하나가 바로 대초리교회이다. 증동리교회가 섬마을을 선교하기 위한 중요한 영적 본부를 세웠다는 의미에서 중요하다면, 대초리교회는 본격적으로 섬마을들을 선교 공략하고 곳곳에 신앙인들과 그들의 기도처를 세워갔다는 면에서 앞선 교회들과는 차원이 다른 선교적 맥락을 갖는다. 대초리교회는 마치 데살로니가와 같은 곳이며 뵈레아와 같은 곳이다. 데살로니가와 뵈레아로부터 유럽의 교회들이 시작되는 위대한 일들이 있었다면, 대초리로부터 섬마을 신실한 교회들의 역사가 시작된 것이다.

섬마을의 가난한 영혼들을 위한 헌신

문준경 전도사의 섬마을 사역은 한 마디로 전천후 헌신이었다. 그녀는 자신과 자신이 가진 것을 아끼지 않았다. 문준경은 증동리교회를 비롯한 곳곳의 교회들을 개척하고 교회 예배처소를 마련하는 과정에서 그녀는 항상 자신의 것을 모두 바쳤다. 그녀는 교회를 위해 그리고 복음 전도 사역을 위해 자신의 몸과 마음을 비롯한 가진 모든 것을 주저함 없이 바쳤다. 어떤 심리학자는 일생을 살아가면서 무언가 한 가지에 몰입하여 헌신할 수 있다는 것 자체가 인생의 큰 복이라고 말했는데, 문준경은 그 몰입과 헌신을 하나님나라와 복음을 위하여 이루었으니 다른 어떤 이들보다 큰 복을 얻은 것이라고 할 수 있을 것 같다.

당시 문준경 전도사가 세운 교회와 기도처들은 섬마을의 목민센터와 다름 아니었다. 문준경 전도사의 기도소와 교회들은 아픈 사람들을 위해 약을 제공하는 곳이기도 하고, 삶의 문제를 들어주고 해결해 주는 상담소이기도 했다. 때로는 아이들이 모여 성경을 읽고 찬송을 부르는 가운데 문맹을 떨치는 곳이기도 했다. 행패를 부리는 남편을 피해 온 부인을 보호하는 보호소가 되기도 하고 그렇게 부인을 찾아 온 남편을 훈계하여 일깨우는 교화소이기도 했다. 때로는 산파소 역할도 했고 섬마을 사이 택배기사도 마다하지 않았다. 문명과 문화적인 혜택이 부족하던 시절, 문준경의 사역은 말 그대로 학교요, 병원이고, 약국이며, 보호소이고 심부름센터였다. 어느 때인가 김준곤 목사는 문준경 전도사가 자신의 집을 방문할 때마다 과자를 가져다주고 마을사람들에게 필요한 약들을 전달해 주곤 했다고 기억했다. 그래서 김준곤 목사는 문준경 전도사의 사역을 '목민사역'이라고 말했다.

문준경이 물심양면으로 헌신한 사건은 또 있었다. 해방이 되자 한국성결교회는 일제 강점기 동안 폐쇄된 교회들을 재건하는 준비를 서둘렀다. 이성

기독교방송(CBS)에서는 문준경의 극적인 삶을 드라마'시루섬'으로 제작하여 방영한 바 있다.

봉 목사는 이 때 교회 재건을 위한 '복음전도대'를 꾸려 사역하였는데, 특별히 도서지역의 교회 재건을 위한 자원 마련을 위해 교단에 호소했다. 문준경은 이 이야기를 듣자 곧 자신의 재산을 털어 헌금을 했다. 당시 교단이 필요로 하는 배의 가격이 약 10만원 정도였는데, 쌀값으로 환산하자면 4,350가마니 정도 되었다고 한다. 문준경은 자신이 친정과 시댁으로부터 받은 재산을 모두 팔아 선교에 필요한 금액의 절반 정도인 5만원을 헌금했다. 이 때 백정희가 준비했던 자신의 수의마저 팔아 헌금에 보탰다고 하니 그녀의 섬마을 선교를 위한 열정과 헌신은 진실로 대단한 것이었다. 안디옥의 바나바가 자신의 재산을 팔아 이방인 선교를 위해 헌신했다고 하는데, 그 열정에 비견할만한 사람이 바로 문준경이었다.

그녀의 헌신을 상징하는 가장 아름다운 이야기는 그녀가 신었던 고무신과

풍선(風船)에서의 노래들일 것이다. 문준경은 말 그대로 섬마을 구석구석을 다니며 열심히 전도활동을 했다. 그녀가 건너다닌 노둣길이 허다했고 그녀가 타고 다니지 않은 뱃길이 없을 정도였다. 결국 그녀의 얇디얇은 고무신 밑창은 그녀의 열정적인 전도여행을 감당할 수 없었다. 그래서 그녀는 한 해에도 수차례나 고무신을 새로 구입해야 했다. 또 그녀를 알지 못하는 뱃사람이 없을 정도였는데, 이 섬에서 저 섬으로 이동하려고 배를 타면 문준경은 언제나 뱃머리에 앉아 노래를 불렀다. 그녀의 노랫소리가 너무 듣기 좋아 뱃사람들은 항상 그녀의 노랫소리를 들으며 하루의 피곤을 달래곤 했다고 한다. 문준경 전도사가 배를 타고 다니며 부른 유명한 노래가 있는데 그 노랫말이 이렇게 전한다. "산을 넘고 강을 건너 복음을 지고 가는 자야, 무안군도 11면에 십만 여명 귀한 영혼 이 복음을 못 들어서 죄악 중에 헤매이네. 달려라, 그 귀한 발걸음. 전하여라, 귀한 복음을. 압해, 지도, 도초, 안좌,

자은, 암태, 임자, 하의, 미금, 팔금, 흑산에 전하여라, 그 복음을." 이즈음, "좋은 소식을 전하며 평화를 공포하며 복된 좋은 소식을 가져오며 구원을 공포하며 시온을 향하여 이르기를 네 하나님이 통치하신다 하는 자의 산을 넘는 발이 어찌 그리 아름다운가."라고 노래한 이사야서의 한 대목이 생각난다(사 52:7).

복음에 화답한 사람들

문준경 전도사의 복음 전파의 결실은 생각지 않은 곳에서도 맺어졌다. 대초리교회에 출석하던 화도 사람들은 매번 노둣길을 건너와 예배드리는 어려움을 덜고자 스스로 교회를 개척하였다. 화도는 증도 남쪽에 있는 말 그대로 꽃이 아름답게 피는 섬인데, 그 곳에서 문준경 전도사의 복된 이야기를 듣고자 성도들이 대초리로 찾아온 것이다. 그런데 앞서 대초리 사람들도 그랬듯 화도 사람들 역시 대초리교회의 예배나 집회 시간을 맞추기가 쉽지 않았다. 또 예배와 집회가 조금만 길어져도 물이 들어차 노둣길을 건널 수 없게 되는 일도 빈번했다. 결국 화도 사람들은 자신들만의 교회를 지었다.

문준경 전도사의 신앙과 정신을 계승한 사람들은 증도 일대 곳곳에 있다. 증도의 가장 외진 곳에 있는 염산교회는 문준경 전도사의 전도 사역이 그녀의 죽음이후에도 여전히 싹을 틔우고 있음을 증명하는 교회이다. 화도보다 조금 더 떨어진 병풍도와 대기점도에도 문준경의 선교와 전도 결실인 교회가 들어섰다. 대기점도는 특히 섬마을 거의 대부분이 신앙생활을 하는 곳이다. 다시 대기점도를 지나 소악도라는 작은 섬에 가면 그 곳에 증도 일대 문준경의 사역의 열한 번째 결실인 교회가 서 있다. 참으로 놀라운 일이 아닐 수 없다. 세월이 지난 지금도 문준경의 열정과 헌신은 그 싹을 틔우고 결실을 맺고 있다. 증도는 여전히 문준경의 열정적인 전도와 목회적 헌신에 화답하고 있다.

무작정 증도를 찾았을 때 그 섬은 그저 놀기 좋은 섬이다. 놀다보면 해가 지고, 그렇게 해지는 풍광조차 아름다운 곳이 증도이다. 여행의 첫 국면은 언제나 그렇다. 그러다 어느 순간, 증도 곳곳에서 문준경이라는 사람의 자취를 보게 된다. 그렇게 곳곳에서 그 사람의 일생이 담긴 이야기들을 마주치다보면, 전혀 다른 사연의 증도를 경험하게 된다. 문준경의 증도를 경험하는 것이다. 여행자들은 그 순간을 놓치지 말아야 한다. 곳곳에서 만나는 문준경 이야기들이 주는 느낌에 스스로 솔직하여 세밀해 져야 한다. 그렇게 자신의 느낌에 솔직할 때 문준경의 노랫소리와 담대한 복음의 외침이 여행자에게 다가온다. 그 외침은 여행자로 하여금 자신의 삶의 자리에서 그 외침에 화답해야 하는 일종의 사명을 느끼게 한다. 증도 여행의 백미는 바로 이 화답의 자리에 대한 반응이다.

화도로 가는 노둣길은 제법 넓다.
썰물이 되면 차편으로 섬에 들어갈 수 있다.
화도는 말 그대로 꽃이 많이 피는 섬이다.
이 길을 따라 화도에 들어가면
제법 아담하고 아름다워
드라마의 촬영지가 되기도 했던 경치들과 더불어
복음의 꽃과 결실인 화도교회를 만날 수 있다.

경계를 넘어서다

- 읽을말씀: 사도행전 16장 9~18절
- 새길말씀: 안식일에 우리가 기도할 곳이 있을까 하여 문 밖 강가에 나가 거기 앉아서 모인 여자들에게 말하는데 두아디라 시에 있는 자색 옷감 장사로서 하나님을 섬기는 루디아라 하는 한 여자가 말을 듣고 있을 때 주께서 그 마음을 열어 바울의 말을 따르게 하신지라 (행 16:13~14)

이 말씀을 묵상한 순례자는

복음에 대한 확신으로 각자 자기 땅 끝에 서서 어떤 고난 가운데에서도 복음을 증거하는 증인의 삶을 살기로 결단합니다.

말씀읽기

다같이 사도행전의 말씀을 읽겠습니다.

9. 밤에 환상이 바울에게 보이니 마게도냐 사람 하나가 서서 그에게 청하여 이르되 마게도냐로 건너와서 우리를 도우라 하거늘

10. 바울이 그 환상을 보았을 때 우리가 곧 마게도냐로 떠나기를 힘쓰니 이는 하나님이 저 사람들에게 복음을 전하라고 우리를 부르신 줄로 인정함이러라

11. 우리가 드로아에서 배로 떠나 사모드라게로 직행하여 이튿날 네압볼리로 가고

12. 거기서 빌립보에 이르니 이는 마게도냐 지방의 첫 성이요 또 로마의 식민지라 이 성에서 수일을 유하다가

13. 안식일에 우리가 기도할 곳이 있을까 하여 문 밖 강가에 나가 거기 앉아서 모인 여자들에게 말하는데

14. 두아디라 시에 있는 자색 옷감 장사로서 하나님을 섬기는 루디아라 하는 한 여자가 말을 듣고 있을 때 주께서 그 마음을 열어 바울의 말을 따르게 하신지라

15. 그와 그 집이 다 세례를 받고 우리에게 청하여 이르되 만일 나를 주 믿는 자로 알거든 내 집에 들어와 유하라 하고 강권하여 머물게 하니라

16. 우리가 기도하는 곳에 가다가 점치는 귀신 들린 여종 하나를 만나니 점으로 그 주인들에게 큰 이익을 주는 자라
17. 그가 바울과 우리를 따라와 소리 질러 이르되 이 사람들은 지극히 높은 하나님의 종으로서 구원의 길을 너희에게 전하는 자라 하며
18. 이같이 여러 날을 하는지라 바울이 심히 괴로워하여 돌이켜 그 귀신에게 이르되 예수 그리스도의 이름으로 내가 네게 명하노니 그에게서 나오라 하니 귀신이 즉시 나오니라

말씀읽기

1 '공포학습'이라는 특이한 심리 실험으로 유명한 예일대학의 스텐리 밀그램(Stanley Milgram) 교수가 1974년에 또 한 가지 특별한 실험을 했습니다. 그는 그 실험에서 실험자들로 하여금 뉴욕의 지하철에서 이미 자리를 차지하고 앉아 있는 사람에게 자리를 양보해 달라고 간청하도록 했습니다. 일반적으로 지하철의 자리는 먼저 탄 사람, 혹은 빈자리와 가장 가까이 있는 사람의 것이기 마련입니다. 실험은 이 불문율에 대한 것이었습니다. 그런데 놀랍게도 실험 결과 요청을 받은 사람의 68%가 순순히 자리를 양보했다고 합니다. 자리를 차지하고 앉아 있던 사람들이 별 저항 없이 불문율을 깬 것입니다. 그런데 사실 이 실험의 핵심은 자리 양보를 요청한 쪽에 있었습니다.

실험 결과 자리를 양보해 달라고 요청한 피실험자들 대부분은 요청을 하는 동안 '토할 것 같았다'고 응답했다고 합니다. 지하철의 빈자리에 관한 사회적 불문율을 넘어서야 하는 쪽은 앉아 있는 사람이 아니라 자리 양보를 요청한 사람이었던 것입니다. 그렇게 사회적인 불문율의 경계를 넘도록 요구 받은 피실험자들 대부분이 극심한 스트레스에 시달린 것입니다. 그들 대부분이 이렇게 느낌을 이어갔습니다. "말이 목에 걸려 도대체 나오지 않더군요.", "그 사람이 양보한 자리에 앉으면서 나는 다리 사이에 얼굴을 파묻었고 내 얼굴이 백지장처럼 하얗게 변하는 것을 느꼈어요."(얀 칩체이스와 사이먼 스타인하트 지음, 야나 마키에이라 옮김, 관찰의 힘 위너스북, 2013)

2 경계를 넘는 일은 쉬운 일이 아닙니다. 이제껏 살아온 삶의 경계를 넘어서서 전혀 낯선 곳, 그래서 무엇도 쉬워 보이지 않은 곳으로 들어가는 일은 결코 쉽지 않습니다. 더 나아가 그곳에 가서 그곳 사람들의 삶의 방식을 바꾸려는 식의 태도를 취하는 것은 더더군다나 쉬운 일이 아닐 것입니다. 요즘 우리 사회에서 늘고 있는 직업 직종 중 컨설팅업이 있습니다. 경영이든, 재정이든, 교육이든 혹은 보험이나 식습관에 관한 것이든 고객을 바꾸려고 시도하는 것은 일종의 경계선을 넘는 행위로 매우 어려운 일입니다. 그래서 이런 종류의 직업을 가진 사람들은 앞서 밀그램의 실험에서 경험했던 식의 삶의 스트레스를 늘 안고 살아갑니다. 생경한 타인의 삶의 한복판으로 들어가 그들이 생각하는 방식과 반응하는 방식, 행동하는 방식 등에 대해 문제를 제기하고 대안적인 삶으로 수정하라고 요구하는 것은 결국 자리를 차지하고 앉아 있는 사람들로 하여금 그 자리를 포기하고 일어서라고 요청하는 것과 같은 어려움이 있는 것입니다. 그렇다면 복음을 전하는 그리스도인의 삶은 어떤 것일까요? 복음을 전한다는 것은 단순히 사회적 사고와 행동의 변화만을 촉구하는 것이 아닙니다. 그것은 영혼의 실존적

인 본질을 근본적으로 바꾸는 것에서 시작하는 그 어떤 컨설팅보다 어려운 경계선 넘기의 전형입니다.

3 사도 바울은 경계선을 넘은 사람입니다. 그는 두 번째 전도여행에서 늘 익숙한 이스라엘 사람들 사이가 아닌 낯선 삶의 지경으로 나아갔습니다. 이전까지 그의 전도 대상은 그가 말을 걸고 설득하기가 용이한 유대인들이었습니다. 그런데 오늘 사도행전 16장에서 그는 그 익숙한 삶의 경계를 넘어섭니다. 그는 낯선 이방인들, 그것도 까다롭기가 이루 말로 할 수 없는 헬라인들 틈으로 나아갔습니다. 그는 이제껏 공식처럼 전개해 왔던 전도방식 즉, 유대인들의 회당 중심의 전도를 시도하지 않았습니다. 소아시아의 경계를 넘어 헬라의 땅으로 들어간 그가 처음 복음을 전한 곳은 성문 밖 사람들이 모이는 장소였습니다. 물론 데살로니가와 베뢰아 등지에서는 여전히 회당으로 갔지만 다시 아테네에서는 그 도시의 핵심지역인 아레오바고로 직행하여 그곳에서 복음을 전했습니다. 그는 이방인을 위한 사도로서 무수히 경계를 넘었습니다. 그리고 그 이방인들에게 이제까지 그들이 살아온 삶의 자리에서 일어서서 예수 그리스도께

서 보여주신 십자가 중심의 삶, 하나님 나라의 구원을 지향하는 삶으로 나아오라고 외쳤습니다. 결코 쉬운 일이라 하기 어려운 경계선 넘기, 바울은 복음을 위해 평생 경계선 넘기를 자처한 진정한 하나님의 사람이었습니다.

동일한 고난을 고스란히 감내해야 했습니다. 그녀는 배척당했고, 학대당했으며, 때로는 섬마을의 권력과 나아가 일제의 권세 앞에 굴종을 강요당하기도 했습니다. 그럼에도 그녀는 복음으로 경계선 넘기를 주저하지 않았습니다.

순교자이야기

4 오늘 우리 순례의 주인공 문준경 전도사 역시 인생을 살아가면서 무수히 많은 경계선들을 넘어선 위대한 신앙인이자 사역자였습니다. 그녀는 평생을 섬 사이에 놓인 경계선, 노둣길과 개를 넘나들며 복음을 전했습니다. 그녀는 자기에게 아픔을 주었던 섬, 시댁의 어른들과 그녀의 결혼생활을 알고 있는 사람들의 눈총이 있는 전증도로 들어가 그곳에서 복음을 전했습니다. 그녀는 섬마을에 굳건히 전래하는 무속신앙과, 섬마을 삶에 굳건하게 규정된 자연 중심의 생활 방식에 대해 담대했습니다. 그녀가 전한 복음은 섬마을 사람들을 무속신앙과 섬생활의 규정된 관습의 틀로부터 일어서게 하는 도전의 소식이었습니다. 복음전도자로서 문준경은 결국 바울이 당했던 그 무수한 고난과

나의 삶이야기

5 화도로 넘어가는 길의 노둣길과 짱뚱어 다리 아래 갯벌 사이에 흐르던 '개'를 기억해 봅시다. 우리의 신앙 인생길에도 이렇게 바다의 경계, 섬과 섬 사이의 경계, 갯벌과 갯벌 사이의 경계를 넘어야 하는 일들이 많이 있습니다. 하나님께서 오늘 우리에게 '경계를 넘어서라'고 말씀하시는 부분이 있다면 다시 한번 그 말씀을 진지하게 들어 봅시다. 인간관계의 경계, 직업의 경계, 상식의 경계, 습관의 경계 등 무수히 많은 경계들이 우리의 도전을 기다리고 있습니다. 오늘 기도하는 가운데 두려움과 게으름으로 인해 넘지 못했던 경계를 넘어서겠다고 결단해 봅시다.

🪶 기도하며 회복하기

이제 문준경 전도사 순교영성을 순례하는 세 번째 시간입니다. 오늘 함께 나눈 사도행전 16장의 말씀을 다시 한번 묵상하고 경계를 넘어서기 위한 결단의 기도를 드려봅시다. 그리고 함께 순례를 하는 형제와 자매들과 더불어 자신의 경계에 대해 나누고 중보를 요청해 봅시다. 하나님의 영이 우리의 결단과 중보에 함께하실 것입니다.

....

....

....

....

....

....

....

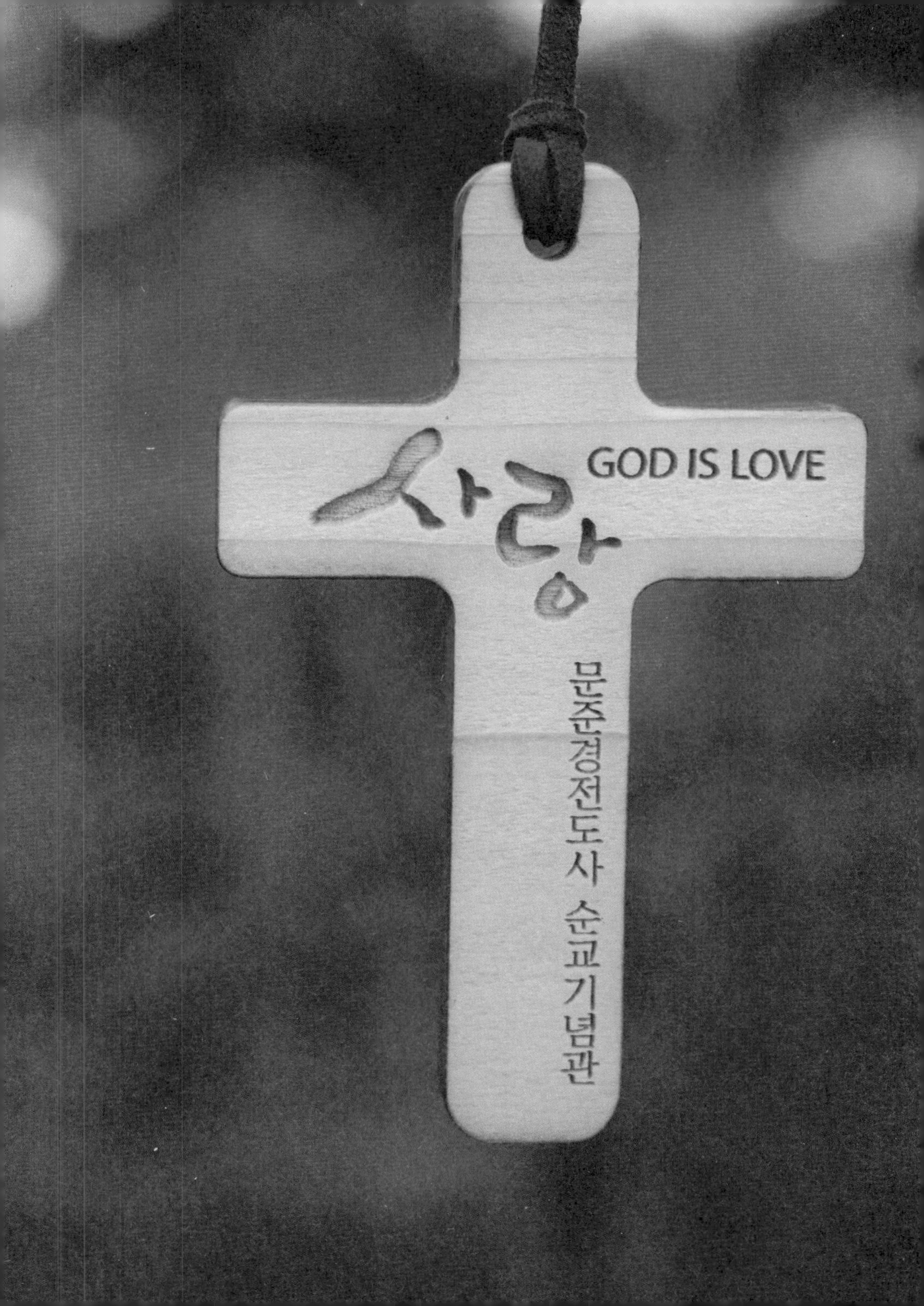
사랑
GOD IS LOVE
문준경전도사 순교기념관

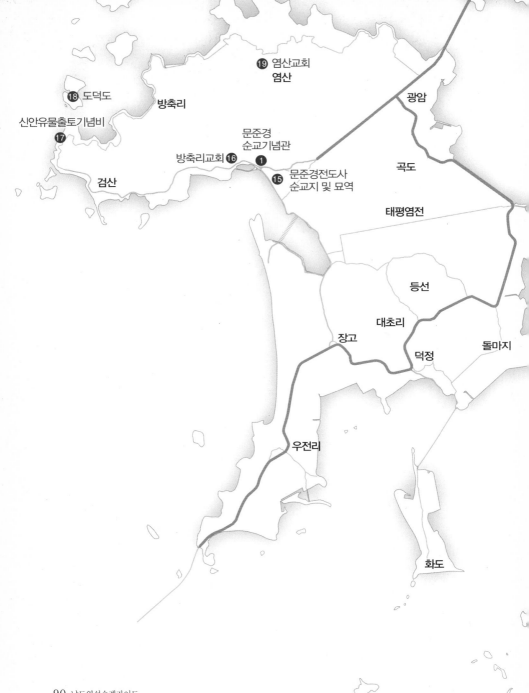

염산교회 ⑲

염산

도덕도 ⑱

방축리

광암

신안유물출토기념비

⑰

곡도

검산

문준경
순교기념관

방축리교회 ⑯ ❶

⑮ 문준경전도사
순교지 및 묘역

태평염전

등선

대초리

장고

덕정

돌마지

우전리

화도

순교지와 기념관

두려움 없는 신앙

증도 여행의 백미는 문준경 전도사의 '순교지'와 그 숭고한 죽음의 의미를 되새기고자 하는 이들의 헌신으로 세워진 '순교기념관'이다. 문준경의 순교지는 '후증도'쪽, 그러니까 증동리 면사무소 앞쪽으로 펼쳐진 백사장 한쪽에 위치해 있다. 지금은 '솔등공원'이라 이름이 붙어 모양새가 좀 나는 산책로이고 또, 우전리와 증동리 사이에 멋스러운 해안길이 나 있지만, 이 얼마 전까지만 해도 이곳은 어디서나 볼 수 있는 그냥 평범한 해변이었다. 해풍을 막아서는 소나무 밭이 적당히 있고, 넓지 않은 모래사장이 있으며, 밀물과 썰물 때에 짱뚱어와 게들이 뛰어다니는 갯벌이 있는 곳이었다. 그러나 평범한 일상의 한 순간이 역사의 변주곡이 되기도 하는 것이다. 문준경은 그 밤에 그곳으로 끌려 나왔다. 그리고 그곳에서 죽음 앞에서도 두려워하지 않는 신앙의 위대함, 죽음 앞에서도 한 영혼을 품으려는 전도자의 위대함을 세상에 드러냈다.

　　순교기념관은 문준경 전도사의 소속교단인 기독교대한성결교회가 문준
경의 신앙과 사역, 순교의 교훈을 후대에 알리고자 각지에서 성금을 모아
지은 성결영성훈련의 터전이다. 순교기념관은 시대의 비복음성과 반복음성
에 굴하지 않은 문준경 전도사의 깊고 숭고한 영성을 그대로 뿜어내는 곳이
다. 문준경은 성결 신앙인으로서 독특한 안목과 자세로 자신의 시대를 관통
했다. 그녀는 자신의 성결 정신과 성결교회 사역자로서의 독특한 자세로 자
신의 땅 끝에 굳건하게 섰다. 그리고 굽힘없이, 흐트러짐 없이, 자신의 삶
과 사역과 교회와 세상을 꿰어냈다. 산정봉 기도터와 기념관, 그리고 순교
지와 우전리 한반도 모양 해송 숲이 문준경으로부터 그렇게 흐트러짐 없는

일직선으로 뻗어 있다. 여행자들은 증도 여행을 하는 중 이 네 장소 중 어느 한곳에서라도 발길을 멈추게 되면 문준경이라는 이름으로 이어진 이 일직선상의 연결고리에 대해 묵상하고 기도해야 한다. 문준경의 기도는 그렇게 막힘없이 순교지로 이어지고, 문준경의 신앙과 사역, 순교정신을 잇는 기념관의 영성은 흐트러짐 없이 한국교회와 사회를 향하고 있다.

문준경 전도사의 삶에는 막힘이 없었다. 그녀는 마치 전쟁터로 나가는 장군처럼, 큰 뜻을 실현하고자 하는 정치가처럼, 신앙과 전도, 목양과 순교에 있어서 막힘없는 삶을 살았다. 그런 그녀에게 결혼생활에는 막힘이 있었다. 자연인 문준경의 증동에서의 삶에는 많은 장애가 있었다. 그녀는 그것을 힘겨워 했고 허덕였다. 그러나 하늘을 바라보는 길과 방도가 열리게 된 어느 순간, 그녀는 막힘없는 삶을 시작했다. 북교동교회에서 복음을 받아들이고 참 '성결인'이 되는 경험을 하면서 문준경은 바로 이웃과 세상을 복음의 깃발 아래로 인도하는 일을 시작했다. 그녀는 암태도에 복음을 전하는 전담 전도인이 되었다. 서울의 경성성서학원에 다니면서도 그녀는 거침없이 담대한 그리스도인이었다. 그녀는 임자도에 교회를 개척하고 이어서 증동리에 교회를 세웠다. 일제에 의해 성결교회가 해산되고 교회의 종을 비롯한 여러 기물들이 징발당하는 등의 어려운 상황에도 그녀는 교회사역과 복음전도 사역을 멈추지 않았다. 그녀는 십자가 복음의 사랑으로 더욱 사람들을 돌보고 사랑을 전하는 일을 쉬지 않았다.

일렁이는 파도와 바람 틈에 선 남도에서 복음을 전하고 목양하는 길이 쉬웠을 리가 없다. 파도와 바람이 자주 문준경 전도사의 발목을 잡았다. 그러나 그녀는 멈추지 않았다. 오히려 뱃사람들을 설득하고 격려하여 배를 띄웠다. 하루는 임자도로 가는 배에서 풍랑을 만났다. 그녀는 이렇게 기도했다. "살아계신 하나님 아버지! 지금 제가 여기서 죽으면 불쌍한 우리 어린 양들을 누가 돌본단 말입니까? 저는 이미 하나님 믿고 전도자가 되었으니 죽어도 상관없지만 이제 막 개척한 교회에 남아 있는 성도들을 생각하면 이대로 죽을 수가 없습니다. 남은 사명 끝까지 완수하고 죽을 수 있게 해주시옵소서! 말씀 한마디로 바람을 잔잔케 하신 주님, 이 파도와 바람을 잔잔케 하여

주시옵소서! 주여, 믿습니다!"

순교로 향하는 마지막 여정

예수님께서는 마지막 만찬을 나누시던 날, 제자들에게 "세상이 너희를 미워할 것이다."라고 하셨다. 실제로 예수님을 십자가에 못 박은 세상은 예수님의 제자들을 미워했다. 요한을 제외한 예수님의 제자들 모두가 순교했다. 바울 역시 순교의 행진에 참예했고 요한의 제자인 폴리캅(Polycap)마저 서머나에서 순교했다. 제자들은 한결같이 '세상이 미워할 것'이라고 말씀하신 그 현실에 직면했다. 그러나 그들은 굴복하거나 타협하지 않았다. 제자들은 예수님께서 앞서 가신 그 십자가의 길을 굳건하여 흔들리지 않은 믿음과 영성으로 굳건하게 이겨나갔다. 타협하지 않고 담대했던 신앙은 실로 초대교회 이후 교회와 신앙인들의 삶을 지켜온 견고한 반석과 같은 시금석이었다.

증동리 갯벌 해변으로 이어지는 문준경 전도사의 마지막 여정 역시 세상이 미워하는 길, 그러나 타협하지 않고 담대했던 순교의 길이었다. 1950년 한국전쟁이 발발하자 얼마 지나지 않아 인민군들이 지도에 들어와 지도인민정치보위부를 세웠고, 증도에는 공산당원들이 들어와 동네 일부 사람들을 내세워 증동리교회에 노동당인민위원회 간판을 세우고는 마을을 장악했다. 인민위원회에 가담한 사람들은 동네 사람들, 특히 유지들과 배운 사람들을 협박하고 체포했다. 교회에 다니는 사람들에겐 더 심했다. 그들은 문준경을 비롯해 교인들을 데려다 인민위원회의 시중을 들게 하고 위원회 주변 온갖 허드렛일을 하도록 했다. 그들은 그렇게 일을 시키는 사이사이 문준경과 증도 교인들을 구타하고 고문했다.

9월 27일, 공산당원들은 증동리교회의 문준경 전도사와 임자진리교회의 이봉성 전도사를 연행했다. 그들은 처음으로 지도에 있는 공산당 본부로 끌려갔다. 이어서 조금 더 큰 목포 정치보위부로 이송되었다. 공산당은 섬 사람들의 존경을 받는 이들을 조사하여 전향하게 한 후 사상교육을 시켜서 자신들의 필요에 따라 활용하려고 했다. 그들은 여차하면 여타의 다른 기독교 지도자들과 함께 학살할 목적도 갖고 있었다.

문준경전도사 순교지와 묘역

9월 28일, 문준경과 이봉성은 목포에 도착했다. 그런데 놀랍게도 두 전도사가 일단의 공산당원들과 목포에 도착했을 때 그곳은 이미 인민군이 퇴각한 상태였다. 문준경과 이봉성을 호송한 공산당원들은 그 상황에서 어떻게 해야 할지 몰랐다. 결국 그들은 두 사람을 놓아둔 채 도망치고 말았다. 얼떨결에 죽을지도 모르는 상황에서 풀려나게 된 문준경과 이봉성은 당시 목포에 내려와 있다가 공산당에게 봉변을 당하고 간신히 살아남은 이성봉 목사를 만났다. 이성봉 목사와 문준경, 스승과 제자는 사지에서 살아온 서로를 반갑게 맞이하고 위로했다. 이성봉 목사는 마찬가지로 임자도에서 잡혀있다가 풀려난 이판일과 문준경에게 섬들은 아직 어수선하니 안정될 때까지 목포에 남아 있으라고 설득했다. 그런데 문준경과 이판일은 단호했다. 문준경은 이판일 형제와 함께 다시 섬으로 돌아가기로 결심했다. 그들은 함께 어렵사리 병풍도를 거쳐 증도와 임자도로 가는 배를 얻어 탔다. 문준경이 먼저 전증도의 버지에 도착했고, 이판일은 계속해서 임자도로 들어갔다.

　위험한 상황인 것을 알면서도 섬으로 돌아가기로 결정한 문준경 전도사의 행보는 과단성 있고 구김 없는 궁휼의 마음을 가진 진정한 영적 지도자의 그것이었다. 그녀는 자신의 안위보다 자신의 동역자들과 자신의 성도들이 고통 받고 있는 현실에 더욱 민감했다. 그녀는 자신의 영적 자녀들이 신음하며 고통 받는 곳으로 달려가 그들과 함께 했다.

거침없는 순교의 시간

10월 4일 밤, 문준경 전도사는 굳이 돌아오지 않아도 될 곳에 마지막 발을 디뎠다. 그녀의 평생 신앙의 중심이며 사역의 본부와 같은 증동리교회로 돌아온 것이다. 문준경은 버지로 돌아오자 곧 등선 시댁으로 갔다. 그리고 시댁 식구들과 마을 사람들에게 목포가 수복되었다는 소식을 전했다. 이어서 대초리쪽 성도들의 안전 상황을 살핀 뒤 바로 노둣길을 건너 증동리교회로 갔다.

후증도에서는 아직 공산당원들이 활동하고 있었다. 그들은 문준경이 섬에 들어온 그날 섬사람들을 향하여 마지막 살육을 벌이고 있었다. 우전도에서도 같은 일이 벌어지고 있었다. 한창 체포와 살육을 벌이던 그들도 문준경이 돌아왔다는 이야기를 들었다. 그들은 곧 체포조를 보내서 문준경과 함께 있던 이들을 붙잡아 왔다. 문준경과 몇몇 성도들은 두 손이 묶인 채 그밤에 증동리 앞 솔등으로 끌려 왔다. 10월 5일 새벽, 공산당원들은 그 솔등 앞 작은 모래바닷가에서 마을 사람들과 더불어 문준경 전도사를 잔인하게 학살했다. 문준경은 마지막 순간까지 굴하지 않는 신앙의 자세로 섰다. 공산당원들은 그녀를 죽이기 위해 안달했고 그렇게 위협적인 몇 마디 말을 나눈 뒤 흉포하게 폭행했고 죽창으로 문준경을 죽였다.

증언에 의하면 순교의 마지막 순간이 참으로 의미 깊고 은혜롭다.

한 공산당원이 말했다.

"쥐새끼처럼 숨어 있으면 못 찾을 줄 알았나? 숨어있던 것을 보니 겁쟁이

문준경 전도사의 순교지를 표시해
둔 옛 표지석. 순교지 묘역 앞 모래
톱에 두었었는데, 지금은 온데간데
없이 사라지고 말았다.

들이구만. 너희가 믿는 하나님은 어쩌고 우리에게 이렇게 붙잡혀 왔나?"

그러자 문준경이 굽힘없이 대답했다.

"일제의 지배자들도 하나님 앞에서는 맥을 못 차렸다. 인간의 힘이 하나
님의 힘보다 강하다고 생각하나? 우리는 죽어도 우리를 살리는 하나님을 믿
는다."

그러자 공산당원들이 더욱 큰소리로 날뛰며 매질을 가했다.

"지금 뭐라고 하는 건가? 지금 이 시간에 너의 생사여탈권을 쥐고 있는 사

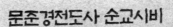

증도 문준경 전도사 영성 순례에서 반드시 가야 할 곳 중 하나가 바로 순교기념관이다.
순례객들은 이곳을 영성순례의 본거지로 삼고 섬 곳곳에 남아 있는
문 전도사의 발자취를 탐색한다.
혼자서 기도하면서 순례하기도 하고 팀을 짜서
서로 중보하면서 순례코스를 답사하기도 한다.
필요하면 기념관에 의뢰하여 해설사의 도움을 받을 수도 있다.
해설사들은 잘 훈련되고 영적으로 깊이 있는 목사님들로 구성되어
섬 곳곳 영적 비경으로 순례객들을 안내한다.

람은 너의 하나님이 아니라 바로 우리들이다."

문준경 전도사가 사력을 다해 말했다.

"이보게. 이 늙은이는 이제 죽어도 좋으니 저 두 젊은이는 풀어주시게."

(이 두 젊은이가 누구인지에 대해서는 아직 밝혀지지 않았다)

문준경의 단호하여 잦아들지 않는 신앙 앞에서 공산당원들은 드디어 그 광기를 드러낸다.

"발길 닿는 곳마다 예수를 전하는 이 씨암탉 같은 늙은이…… 그대 소원

기념관의 순교를 묘사한 게시물

대로 해 주겠다."

10월 5일 새벽 섬마을의 테레사요, 리빙스턴이며, 간디이자, 무디였던 문준경 전도사는 60세의 생을 마감했다. 문준경의 마지막 길은 참으로 숭고했다. 문준경은 자신의 영적 자녀들을 무도한 무리들 사이에 방치할 수 없었다. 문준경은 선교와 사역으로 이미 한 줌뿐이던 온몸으로 사랑하는 형제들의 죽음을 막았다. 그리고 문준경은 결국 숭고한 순교의 길로 나아갔다.

문준경을 잊지 못하는 사람들

문준경의 시신은 며칠 동안 모래밭에 방치되었다. 마을 사람들과 성도들 누구도 학살의 현장과 시신들에 가까이 다가가지 못했다. 좌익에 가담했던 마을 사람들의 기세가 아직 살아있었기 때문이다. 결국 시신은 문준경 전도사에게 신앙을 배운 박복엽 권사가 거두었다. 그녀는 공산당원들에게 학살당한 시신들 사이에서 문준경을 찾아냈다. 일단 시신을 거둬온 뒤에는 조동례 권사와 백정희 전도사가 함께 문준경을 가매장했다. 예수님을 장례한 마리아들이 떠오르는 대목이다.

1951년에 기독교대한성결교회 호남지방회가 문준경 전도사의 정식 장례를 치렀다. 증동리교회는 없는 살림에도 온 정성을 모아 소도 잡고 떡도 냈다. 유해는 정중하게 정씨 문중의 선산으로 옮겨졌다. 이때 장례식장에는 참으로 엄청나게 많은 사람들이 왔다. 그야말로 인산인해였다. 당시를 기억하는 사람들은 섬마을 전도사의 장례예배가 김구 선생의 장례식보다 더 많은 사람들을 불러 모았다고 입을 모은다. 문준경에게 진심을 배운 사람들은 그렇게 문준경이 마치 자신의 어머니이고 할머니인양 눈물의 장례를 치렀다.

문준경 전도사의 무덤은 한동안 정씨 문중의 선산에 있었다. 그러던 어느 해 섬마을 전도사의 삶과 사역을 잊지 못하는 섬사람들과 신앙의 후예들이 문준경의 무덤을 순교지 옆, 지금의 자리로 옮겼다. 그리고 작은 추모공원을 조성했다. 그들은 문준경의 신앙 유산을 이어받은 남도의 영적 자녀들과 그 천국과 같은 섬을 방문하는 사람들이 그녀의 열정적이고 은혜로웠던 삶을 볼 수 있기를 바랐던 것이다.

문준경 전도사가 순교한 이후에도 그녀의 삶과 사역을 잊지 못하는 사람들이 문준경을 닮은 십자가 사역을 계속했다. 백정희 전도사는 문준경 전도사가 순교하던 상황에서 구사일생으로 목숨을 부지했다. 그 지옥과도 같은 곳에서 살아나온 백정희는 그 후 문준경을 추모하며 3년 동안 소복을 입고 지냈다. 삼년상을 치른 것이다. 3년 동안 백정희는 매일 아침 문준경의 묘소에 갔다. 그리고 문준경을 위해 기도했다. 그렇게 삼년상을 치른 후 백정희는 자은도로 가서 그곳 유천교회에서 사역했다. 백정희는 그 곳에서 사역하면서도 따뜻한 사택이 아닌 차디찬 예배실 바닥에서 기도하며 밤을 보냈다고 한다. 누군가가 따뜻한 사택에서 주무시라고 권하면 백정희는 늘 이렇게 말했다. "10여 년 전 나를 살리시고 돌아가신 문준경 전도사님을 생각하면 그렇게 할 수가 없습니다." 백정희는 이후 증동리로 돌아왔다. 그리고 남

증도와 신안 일대에는 문준경 전도사의 영적 후예들이 있다. 김성환 목사는 어려서 문준경 전도사에게 신앙 교육을 받았다. 김성환 목사와 같은 신앙의 후예들에게서 문준경 전도사의 영적 향기가 여전히 느껴진다.

은 평생을 문준경 전도사의 뜻을 이어받아 섬마을에 복음을 전하고 섬마을 사람들을 위해 기도하며 그들을 가르치는 목자의 삶을 살았다. 그녀가 목회자로서 은퇴한 곳은 임자도 옆 섬에 있는 재원교회였다.

한국대학생선교회와 성시화 운동의 창시자인 김준곤 목사는 어려서 문준경 전도사에게 말씀을 배웠다. 문준경은 그가 살던 낙도에까지 나룻배를 타고 와 복음을 전했다. 그리고 김준곤의 집 마당에서 복음을 전했다. 그때 그 복음의 씨앗은 김준곤의 인생 깊은 곳에 떨어졌다. 김준곤에게 있어서 문준경은 마르지 않는 샘이었다. 문준경으로부터 흘러나온 복음의 샘물은 김준곤에게서 그 깊이를 알 수 없는 대해를 이루어 주변의 모든 만물이 소성케 되는 역사를 이루게 된다. 그렇게 문준경의 섬마을 전도 씨앗은 김준곤에게 싹을 틔워 한국 대학생 선교와 도시 선교의 큰 나무가 되게 했다. 김준곤에게서 뿌려진 복음의 씨앗과 그로 인하여 틔워진 싹, 자란 나무들, 맺은 결실들이 이루 말할 수 없이 허다함은 재론할 필요가 없다. 한국교회와 성도들은 두려움도 없이, 막힘도 없이 담대했던 문준경의 헌신과 희생에 빚을 지고 있음을 잊지 말아야 한다.

가시밭길 백합화

하루에도 수백 명, 문준경 전도사의 순교지에는 많은 여행자들과 순례자들이 거쳐 간다. 호기심과 무관심의 발걸음도 있고, 진지하고 깊이 있는 관심의 발걸음도 있다. 죽음이 교훈일 수 있는 까닭은 그 죽음의 상황에서도 죽음으로 끝나지 않는 살림 때문이다. 문준경은 죽었으나 그의 신앙과 사역은 살아서 한국성결교회 부흥의 발판이 되었고 한국교회 부흥의 밑거름이 되었다.

가시밭길 가운데서 백합꽃을 피운 문준경 전도사의 인생걸음은 지나는 이의 발걸음을 멈추게 한다. 자기 인생을 돌아보게 한다. 자기 가치관을 돌

아보게 한다. 자기가 목적하던 바의 의미를 되새기게 한다. 지금 사는 인생
이 전부라고 생각하는가? 지금 사는 방식이 당신이 할 수 있는 전부인가?
지금 당신의 인생 목표가 꼭 당신의 인생목표이어야 하는가? 지금 당신의
좌절이 꼭 당신 인생의 전부여야 하는가? 문준경이 살고 사역했던 증도 전
체가 질문을 한다. 문준경이 마지막 시간을 보냈던 해변이 질문을 한다. 마
치 스핑크스 앞에 선 여행객처럼 이제 문준경 전도사의 순교지 앞에 차분히
서서 그 답을 해야 한다. 하지만 할 말을 잃는다.

　순교자 문준경 전도사는 순례객들 개개인에게 특별한 답을 하지 않는다.
순교자 문준경은 자신의 다 떨어진 고무신과 너덜거리는 성경책, 고장나서

"세상만사 살피니 참 헛되구나 부귀공명 장수는 무엇하리오
고대광실 높은집 문전옥답도 우리 한 번 죽으면 일장의 춘몽"
문준경 전도사가 뱃머리에서 즐겨 부르던 허사가의 일부다.
놀 지는 시간, 증도 어디선가 문준경 전도사의 노랫소리가 들려와서
순례객의 마음속으로 파고드는 듯하다.

덜그럭거리는 재봉틀을 만지작거리며 조용히 말한다. 아무것도 거칠 것이 없는 '탄탄대로'도 인생의 전부가 아니고, 온통 고통뿐인 '가시밭길'도 인생의 전부가 아니다. 문준경은 '대로 가득한 가시밭, 그 사이에 피는 백합꽃'이 인생의 참 모습이라고 가르친다.

　　인생 초반기 문준경의 인생은 탄탄대로였다. 남부러울 것 없는 가정환경

에서 호사스럽지는 않더라도 하고 싶은 것을 할 수 있다고 생각하며 자랐다. 그러나 곧 그 탄탄대로 인생에 가시밭이 가득하게 된다. 아무것도 생각대로 되는 것이 없게 되어 버린다. 그렇게 가시밭이 인생의 전부라고 여기던 시절, 문준경은 하나님을 만났고 예수 그리스도의 복음을 알게 되었다. 그리고 자신의 인생의 가시밭 틈새에 참 성결의 신앙, 백합을 피웠다. 문준경은 이후 인생의 가시밭 사이사이에 백합을 피우며 평생을 살았다. 마지막까지도 문준경은 가시밭 사이 빈틈을 믿음과 소망, 사랑의 백합꽃으로 채웠다.

증도에 온 순례자(Camino)는 문준경과 대화한다. 산정봉의 순례자와 순교지의 순례자들, 기념관에 들러 기념사진을 촬영하는 순례자와 우전리 한반도 지형의 해변을 거니는 순례자들은 탄탄대로가 인생의 전부가 아니요, 찌르는 가시와 같은 좌절의 삶 역시 인생의 전부가 아니라고 외치는 문준경 전도사의 외침을 듣는다. 예측할 수 없는 인생의 허망함 앞에서 문준경은 청아한 목소리로 노래 한 구절을 들려준다. 그리고 인생의 깊은 향기가 나는 백합꽃을 피우는 방법을 알려준다.

환난이 기다린다

- 읽을말씀: 사도행전 20장 16~24절
- 새길말씀: 내가 달려갈 길과 주 예수께 받은 사명 곧 하나님의 은혜의 복음을 증언하는 일을
  마치려 함에는 나의 생명조차 조금도 귀한 것으로 여기지 아니하노라 (행 20:24)

 이 말씀을 묵상한 순례자는

어떤 환란과 고난 가운데서도 복음을 위해 복음을 중심으로 사는 삶을 결단합니다.

 말씀읽기

다같이 사도행전의 말씀을 읽겠습니다.

16. 바울이 아시아에서 지체하지 않기 위하여 에베소를 지나 배 타고 가기로 작정
    하였으니 이는 될 수 있는 대로 오순절 안에 예루살렘에 이르려고 급히 감이러라
17. 바울이 밀레도에서 사람을 에베소로 보내어 교회 장로들을 청하니
18. 오매 그들에게 말하되 아시아에 들어온 첫날부터 지금까지 내가 항상 여러분
    가운데서 어떻게 행하였는지를 여러분도 아는 바니
19. 곧 모든 겸손과 눈물이며 유대인의 간계로 말미암아 당한 시험을 참고 주를 섬
    긴 것과
20. 유익한 것은 무엇이든지 공중 앞에서나 각 집에서나 거리낌이 없이 여러분에게
    전하여 가르치고
21. 유대인과 헬라인들에게 하나님께 대한 회개와 우리 주 예수 그리스도께 대한
    믿음을 증언한 것이라
22. 보라 이제 나는 성령에 매여 예루살렘으로 가는데 거기서 무슨 일을 당할는지
    알지 못하노라
23. 오직 성령이 각 성에서 내게 증언하여 결박과 환난이 나를 기다린다 하시나
24. 내가 달려갈 길과 주 예수께 받은 사명 곧 하나님의 은혜의 복음을 증언하는
    일을 마치려 함에는 나의 생명조차 조금도 귀한 것으로 여기지 아니하노라

1 베드로의 제자로 알려진 안디옥의 주교 이그나티우스는 참으로 훌륭한 지도자이자, 동시에 신실한 순교자였습니다. 어느 날, 그는 로마로 가서 황제 앞에 서서 복음을 전해야겠다는 결심을 했습니다. 그는 곧 로마의 관청으로 가서 자신이 기독교인임을 밝히고 로마의 시민으로서 황제 앞에서 재판받게 해 달라고 합니다. 당대의 로마의 법에 의하면 누구든지 기독교인인 것이 밝혀지면 처벌을 받도록 되어 있었기 때문에 스스로 자신이 기독교인이라는 사실을 알린 이그나티우스는 처벌의 대상이되었습니다. 단, 그는 로마의 시민이었기 때문에 그를 즉결로 처벌할 수는 없으므로 그의 탄원대로 황제 앞에서 재판을 받도록 하기로 했습니다. 로마의 군인들은 곧 이그나티우스를 로마로 압송했습니다. 그리고 황제가 주관하는 재판정에 세웠습니다. 이그나티우스는 황제 앞에서 담대하게 자신의 신앙과 기독교를 변론했습니다. 이야기를 다 들은 황제가 이렇게 말했습니다. "훌륭한 변론이었소. 그런데 그 모든 변론이 당신이 기독교인임을 밝히고 있는 이상 당신은 로마의 법에 따라 처벌을 받아야 할 것 같소." 황제는 그를 원형경기장으로 보내 처형했습니다. 이그나티우스는 로마로 압송되기 전 로마에서 마지막으로 처형을 기다리는 상황에서 교회의 성도들에게 이렇게 말했습니다. "모든 교회들에게 말합니다. 나는 기꺼이 하나님을 위해 죽을 것입니다. 저의 영광스러운 죽음의 길을 방해하지 마시기 바랍니다. 나를 그냥 짐승들의 밥이 되도록 놓아두기 바랍니다…… 나를 살리려고 하지 마십시오. 나는 하나님께 속하기를 바랍니다. 내가 순전한 빛을 받게 해 주십시오. 그렇게 나는 하나님의 사람이 될 것입니다. 간절히 부탁합니다. 나로 하여금 하나님의 고통 받는 자가 되도록 해 주시기 바랍니다."

2 고난과 죽음을 순순히 받아들이는 일은 쉽지 않습니다. 호스피스 병동에서 사역하는 분들의 이야기를 들어보면, 우리 인생의 대부분이 고령으로 인한 자연스런 죽음조차도 잘 받아들이려 하지 않는답니다. 대부분 인생들은 삶에 집착하고 더 오래 살 수 있지 않을까 하는 희망과 의학적 가능성에 매달립니다. 자신이 지금 이렇게 생을 마감해야 한다는

것이 얼마나 부당한 일인지 피력합니다. 호스피스 병동의 사역자들의 전언에 의하면, 오늘 우리 대부분은 인생의 마지막 순간을 위한 여정을 받아들일 준비와 훈련이 부족합니다. 우리는 나 자신의 인생 마지막 순간을 어떻게 맞이해야 할까요? 적어도 하나님을 믿는 우리는 신앙 없이, 하나님 없이 살아가는 세상 사람들이 죽음을 맞는 방식이나 태도와는 다른 고결함이 있어야 합니다. 우리는 우리의 죽음이 그토록 소망하던 하늘 하나님을 향해 달려가는 희망차고 새로운 여정의 시작이라는 사실을 긍정해야 합니다. 나 자신의 죽음이 기회가 되어 한 영혼이라도 더 하나님을 알게 되고 예수 그리스도의 십자가 사랑을 알게 되기를 소원해야 합니다. 우리는 죽음의 순간마저 하나님께서 귀한 복음의 도구로 사용하실 것을 소원해야 합니다. 그래서 우리가 예상하든 예상하지 못하든 어느 때 우리에게 닥칠 죽음의 순간을 그저 그런 평범한 사그라짐이 아닌 신앙의 고양이 발생하는 위대한 시간이 되도록 해야 합니다.

3 오늘 사도 바울은 그의 마지막이 될지도 모를 순교를 향한 여행을 떠납니다. 그를 아끼고 흠모하는 많은

형제와 자매들이 그의 앞길을 가로막습니다. 그들은 바울이 자신들과 더 오래 함께하기를 바랍니다. 그러나 바울은 자신의 사명이 이미 복음을 아는 이들과 더불어 행복한 여생을 누리는 것에 있지 않다는 것을 잘 알고 있었습니다. 그는 자신이 가진 모든 시간과 모든 여력으로 복음을 전해야 하는 사명의 사람이었습니다. 그래서 그는 그 모든 간절한 만류를 뿌리치고 인생의 마지막, 죽음을 도구로 삼는 선교 여행을 떠납니다. 바울의 위대함은 그리스도의 십자가 죽으심을 그대로 본받으려 했다는 것, 또한 그 십자가 고난과 죽음으로 하나님의 귀한 사랑을 세상에 전하려하신 예수님을 본받으려 했다는 것에 있습니다. 그는 자칫 육신의 삶에 종지부를 찍을지도 모르는 로마여행을 담담하게 받아들였습니다. 더 나아가 자신의 마지막 인생 여정조차 십자가 사랑을 전하는 기회로 활용되기를 바랐습니다. 바울은 이렇게 고백합니다. "우리가 살아도 주를 위하여 살고 죽어도 주를 위하여 죽나니 그러므로 사나 죽으나 우리가 주의 것이로다"(롬 14:8).

 순교자이야기

4 　우리 순례의 주인공 문준경 전
도사의 인생 마지막 여정은 바울의
로마로의 여행과 무척이나 닮았습니다.
문준경 전도사는 목포 인민군 보위부로 압
송되었다가 우연찮은 기회로 풀려나게 됩
니다. 살 기회를 얻은 것입니다. 이제 이
성봉 목사의 말대로 공산군 잔당들이 섬마
을 일대에서 완전히 소탕될 때까지 목포에
서 기다리면 될 일이었습니다. 그런데 문
준경 전도사는 그렇게 하지 않았습니다.
그녀는 이웃 임자진리교회의 이판일 장로
와 함께 갈등과 위협이 상존하는 섬으로
돌아갑니다. 이유는 오직 하나였습니다.
섬에 남겨둔 동역자들과 양들을 버려둘 수
없다는 것이었습니다. 그렇게 문준경 전
도사는 골고다의 여정을 주저하지 않으신
예수님처럼, 로마로의 순교여행을 담담하
게 받아들인 바울처럼, 그리고 이그나티
우스처럼 순교의 마지막 길을 떠났습니
다. 그리고 섬에 들어간 바로 그날 순교했
습니다. 문준경 전도사는 인생의 마지막
여정에서까지 신앙인의 죽음에 대한 진솔
한 자세를 보여주었습니다. 문준경 전도
사의 마지막 여정은 인생의 마지막 순간조
차도 복음을 위해 사용되기를 바라는 참으
로 헌신된 주의 종의 모습이었습니다.

나의 삶이야기

5 　후증도에서 우전도로 가는 길,
후증도 앞, 지금은 솔등공원으로
조성된 곳에 문준경 전도사의 순교터와 묘
지가 있습니다. 진심으로 섬마을 사람들
을 사랑하고 예수 그리스도의 십자가 복음
을 위해 전심을 다해 헌신한 순교자 문준
경 전도사가 그곳에 잠들어 있습니다. 나
는 오늘 한 알의 밀알이 되어 썩어지더라
도 모든 것을 다 내어줄 대상이 있습니까?
그렇게 헌신하다가 어느 순간 죽음이 다가
올 때 미련 없이, 주저 없이 그 마지막을
받아들일 수 있습니까? 나아가 그 죽음의
순간까지도 내게 맡겨진 한 영혼을 온전하
게 하고 그 영혼이 그리스도 안에서 살아
나게 하는 데 쓰이기를 소망할 수 있습니
까? 인생의 마지막 순간까지 복음을 위해
드리겠다는 열정적인 헌신의 비전이 내 삶
을 주장하고 있습니까? 진정한 가치에 몰
입하지 않는 세상을 등지고 주님의 십자가
자리, 바울과 이그나티우스의 순교의 자
리, 문준경 전도사의 순교의 자리를 바라
보며 자신의 인생을 돌아보는 시간을 가져
봅시다.

🗒️ 기도하며 회복하기

이제 문준경 전도사 순교영성을 순례하는
네 번째 시간입니다. 오늘 함께 나눈 사도
행전 20장 말씀을 다시 한번 묵상하고 각
자 인생의 마지막 순간을 향한 묵상의 기
도를 드립시다. 그리고 오늘 순례 여정에
서 깨달은 바를 근거로하여 동행하는 형
제와 자매들 혹은 가족들과 더불어 자신
의 인생 마지막 순간에 나눌 '가상의 유서'
를 작성해 봅시다. 그리고 함께 나누어 보
고 서로 중보 기도하는 시간을 갖도록 합
니다.

문준경 전도사는 남도의 한복판에 오롯이 선 전도자였다. 문준경 전도사의 인생은 비전과 사명과 헌신으로 요약된다. 문준경 전도사는 복음이 허락하는 인생의 비전에 심취하여 그로부터 주어지는 사명에 집중했다. 또 모든 것을 내려놓고 헌신할 줄 아는 하나님의 전도자였다.

재원도

22 대광해변

대기리

임자도
진리교회 48인 순교터
21

825

임자진리교회
20

수도

이흑암리

23
순교자묘역

은동해변

네 번째 순례

임자진리교회 이야기

아름다운 섬, 사연 많은 섬

증도를 나와 사옥도를 통과하고 솔섬의 염전들을 지나면 지도읍이 나온다. 지도읍에서 다시 좌회전을 하면 점암선착장이 나타나는데, 여기서 배로 15분쯤 가면 임자도라는 섬에 들어갈 수 있다. 임자도는 작지 않은 섬이다. 임자도는 들깨가 많이 자란다. 그래서 섬 이름도 들깨 '임(荏)'자를 써서 임자도(荏子島)다.

역사속 임자도는 나라와 임금의 말을 키우는 목장과 수군통제사의 진이 있었다. 지정학적 위치상 중요했다는 뜻이다. 그래서 나랏님이 그 섬에 장군과 군사들, 배를 보내 다스리게 했다. 그러나 기본적으로 그 땅은 유배의 땅이었다. 임자도에 은동(隱洞)이라 불리는 아주 후미진 곳이 있는데, 앞에 바다가 펼쳐져 있고 나머지는 모두 절벽같은 산이 둘러싸고 있다. 바로 추사 김정희의 제자 조희룡이 3년 동안 유배생활을 했던 곳이다. 외딴 곳이라 여겨 죄 지은 관리들을 유배 보내던 곳. 작지 않은 섬이나 꽤나 외진 곳이 바로 임자도이다.

임자도 사람들은 활기가 있었다. 섬의 북쪽 끝에 있는 전장포라는 마을은 예로부터 새우잡이로 유명했다. 이곳에서 새우를 잡아 상인들에게 팔면 상인들이 다시 강경으로 옮겼다. 우리가 아는 강경젓갈의 원산지가 바로 임자도인 셈이다. 새우뿐만 아니었다. 민어를 비롯한 다양한 생선들이 이곳 '타리파시'라 불리는 유명한 어시장에 모였다가 전국으로 팔려 나갔다. '타리'는 '섬'이라는 뜻을 가진 동남 아시아어의 유래어이다. 즉 타리파시는 '섬 어시장'이란 뜻이다.

뱃사람들과 상인들이 자주 들락거리는 곳이다 보니 여느 고즈넉한 섬과 분위기가 달랐다. 섬사람들이라도 세상 돌아가는 일에 관심이 많았다. 대표적인 것이 위정척사 운동이다. 조선말 임자도 유림(儒林)들은 서양과 일본의 것이 조선에 들어와서 나라의 전통 유교 기강을 무너뜨리는 것을 보고서 스스로 '위정척사(爲政斥邪)'라는 말을 바위에 새겨서 섬사람들과 더불어 그 뜻을 새겼다. 세상을 알되 세상을 기개 있게 대하는 것, 그렇게 뜻을 펼치려는 의지가 강한 사람들이 바로 임자도 사람들이었다.

임자도 역사의 사연 중에서 해방 후 좌우의 대립과 한국전쟁 때 벌어진 슬픈 이야기들을 빼놓을 수 없다. 당시 남도 섬들의 대부분이 그랬지만 유독 임자도는 좌익과 우익이 극렬하게 대립했던 지역이었다. 덕분에 한국전쟁 중에 수많은 사람들이 죽임을 당해야 했다. 1950년 10월말 경에 최종적으로 국군에 의해 수복되기 전까지 임자도는 그야말로 좌익에 의한 무자비한 학살의 현장이었다. 셀 수 없을 정도로 많은 사람들이 좌익의 손에 죽

정암선착장

임을 당했고 이어서 우익에 보복을 당하기도 했다. 작은 모래섬이 억울함에 한이 맺혀 온통 시뻘건 핏물로 뒤덮인 시대였다.

　임자진리교회는 이념의 대립 속에서 사람이 사람을 고문하고 죽이던 시대, 그 역사의 슬픈 사연들이 가득한 섬 한쪽에 슬픈 듯 사랑 가득한 모습으로 서 있었다.

문준경의 첫 번째 교회 개척

　문준경 전도사는 경성성서학원에 입학하여 신학을 공부해서 전도부인이 되고 싶어했다. 그러던 1931년, 문준경은 꿈에 그리던 경성성서학원에 입학하게 된다. 그리고 학생 신분으로 책상에 앉아 하나님의 말씀을, 복음을, 신학을 공부하게 되었다. 당시 경성성서학원은 일 년에 3개월은 학교에서 수업을 받게 하고, 나머지 9개월은 전도활동을 하고 교회를 세우게 하는 독특한 학제를 운영하고 있었다. 문준경은 자신이 전도부인이 되는 것이 하나님의 뜻이라고 여겼다. 그리고 가시밭길 인생의 시작점, 남편과 그의 소실이 있는 임자도로 향했다. 남편은 결혼생활을 내동댕이치고 소실과 함께 임자도에 건너가 있었다. 재산도 모두 챙겨갔다. 문준경에게는 밭떼기를 조금 남겨주었을 뿐이었다. 문준경은 이제 엉킨 실타래 같은 남편과의 관계를 신앙과 사역 차원에서 정리하고 싶었다. 보통 여자 같으면 생각하기도 싫은 행보였다.

　1932년 문준경 전도사는 임자도에 도착한 후 곧바로 전도활동을 시작했다. 남편이 그 소식을 들었다. 그리고 훼방을 놓기 시작했다. 온갖 나쁜 소문을 퍼뜨리고 매일같이 그녀가 교회로 정해서 구입한 작은 초가 앞에서 시끄럽게 떠들고 그녀에 대해 험담을 늘어놓았다. 섬사람들의 핍박도 심했다. 사람들은 문준경이 서양귀신을 데려왔다고 하면서 가족들을 단속했다. 문준경은 그래도 묵묵했다. 노래로 사람들을 모으고 사람들이 모이면 복음을 전했다. 그러자 남편의 훼방이 뜸해졌다. 문준경이 도무지 상대를 하지 않

진리선착장

으니 그런 것이었다.

　어느 곳에서나 아낙들과 아이들이 문준경의 복음전도에 제일 먼저 반응을 보였다. 완고한 임자도 남자들과 달리 여자들과 아이들은 귀를 열어 복음을 들었다. 대부분 글도 모르는 아낙들과 아이들이었다. 문준경은 그들에게 노래와 성경을 가르치고 더불어 글도 가르쳤다. 문준경은 전도활동을 하는 틈틈이 어려움에 빠진 사람들, 병든 사람들, 돌봐줄 사람이 없는 이들을 찾아다녔다. 그렇게 얼마의 시간이 지나자 사람들이 점점 많아졌다. 작은 초가집 교회가 비좁아지기 시작했다. 훼방을 놓던 사람들도 점점 줄어들었다.

卒業證書

文俊卿

一八九六年 二月 二日生

右人ハ本院定規의課程

을修了하고其業을畢하

옛기로玆에此를證함

主後一九三一年 二月 卄六日

東洋
宣敎會聖書學院...

第一三一號

문준경 전도사 신학교 졸업장

하지만 여자 혼자의 몸으로 자신을 생과부로 만든 남편과 소실이 살고 있는 섬에서 전도활동을 하는 것이 쉬운 일은 아니었다. 몸이 망가지기 시작했다. 마음도 영혼도 지쳐갔다. 교회에 오는 사람들은 점점 늘어 갔고 혼자서 감당하기 어려운 일들이 많이 생기기 시작했다. 그러나 문준경은 뜻을 굽히지 않았다. 몸이 힘들어지고 마음이 지칠수록 더욱 성실하게 노래를 부르고 사람들을 모아 복음을 전했다. 문준경의 복된 소식을 듣고 교회로 찾아온 이들을 환대하고 계속해서 그들에게 하나님의 말씀과 신앙생활을 가르쳤다.

하나님의 신실한 사람, 이판일 장로

교회를 개척하며 힘든 시간을 보내던 문준경 전도사에게 희소식이 전해졌다. 양석봉 전도사와 그 일행이 순회전도단으로 임자도에 온다는 것이다. 이들의 방문은 개척하느라 심신이 지쳐버린 문준경에게 큰힘이 되었다. 양석봉 전도사는 도착하자마자 문준경과 더불어 섬 일대의 유지들을 만나는 일부터 시작했다. 그들이 만나 사람 중 한 명이 바로 이판일이었다. 이판일을 만나러 간 문준경과 양석봉은 준비한 쪽복음책을 내놓고 돌아왔다. 그날 이판일은 그 책을 뒤적거리며 많은 것을 깨달았다. 그리고 곧 일생일대의 결단을 하게 된다. 일제강점기 나라잃은 설움을 안고 살던 선비로서 하릴없이 세월을 보내던 그는 일단의 허무주의에 빠져들어 있었다. 그러던 시점에 그에게 복음이 날아든 것이다. 그는 기독교인이 되겠다는 일생일대의 결단한다. 그리고 문준경과 양석봉을 찾아가 그의 복음에 대한 결단을 전한다. 그리고 단숨에 임자진리교회의 성도가 되었다.

일단 기독교인이 된 그는 술과 담배를 끊었다. 그 뿐이 아니었다. 집안의 제사를 모두 없애 버렸다. 관련된 기물들을 모두 태워버렸다. 그리고 동생 이판성의 집안까지 모조리 교회로 인도했다. 그렇게 이판일은 교회에 처음 나가기 시작한 날을 기점으로 자기 스스로 뿐 아니라 자기 집안의 모든 것을 그리스도의 것으로 바꾸어 버렸다.

이판일의 신앙생활은 바른 생활 그 자체였다. 우선 그는 주일을 예배드리는 날로 세우고는 온 가족이 최선을 다해서 지키도록 하였다. 새벽기도에

나갔고 전도하는 일에도 앞장섰다. 자녀에 대한 신앙교육과 늙으신 어머니에 대한 효심도 더할 나위가 없었다. 동네 사람들은 그가 죽은 조상을 모시는 제사를 폐기했다는 이야기보다 살아계신 어머니를 위해 '산 제사'를 흥이 나게 베풀었다는 이야기를 더욱 자주했다. 그는 이웃에게도 신실했다. 한번은 걷기가 불편한 노인을 교회로 데려와야 한다는 이야기를 듣고는 한 걸음에 달려가 그 노인을 업고 교회로 왔다고 한다. 그뿐이 아니었다. 이판일은 오랫동안 교회에 올 때마다 그 노인 업고 오기를 계속했다고 한다. 그의 굳건한 신앙생활은 그렇게 집사직으로, 그리고 장로직으로 이어졌다.

그런데 이판일 장로의 바르고 흔들림 없는 신앙생활에 곧 시련이 닥쳐온다. 일제가 그에게 신사참배를 강요하기 시작한 것이다. 당연히 이판일은 일제의 신사참배 요구를 거부했다. 그는 곧 목포의 일본 경찰 고등계로 넘겨졌다. 그곳에서 무수히 구타를 당했다. 그래도 그는 신앙의 지조를 버리지 않았다. 그는 고문 당할 때에도 그리스도를 생각하면서 미소를 머금고 웃음을 지었다고 한다. 일본경찰들이 미쳤다고 할 정도였다. 결국 그는 미친놈 취급을 받으며 경찰서에서 풀려나게 된다.

이판일 장로는 한마디로 임자도의 심지 굳은 사람이었다. 그는 선조들이 그랬던 것처럼 세파에 흔들림이 없었다. 또 그는 임자도의 신실한 신앙인이었다. 그는 하늘 하나님에 대한 신앙을 받아들인 이래로 그 믿음에 흔들림이 없었다. 그렇게 그는 순교하여 죽기까지 하늘의 하나님과 주 안에서 형제된 이들, 그리고 임자도의 이웃들에게 아름다운 신앙인이었다.

순교지 박봉진 목사

일제 강점기 한국성결교회는 끊임없이 신사참배와 배교의 위협에 시달렸다. 많은 교회와 지도자들이 일제의 강압에 못 이겨 신사참배라는 굴종적인 신앙 패배를 경험하고 있을 때, 성결교회의 몇몇 목회자와 평신도 지도자들은 신앙의 지조를 지켰다. 그 중 한 사람이 바로 철원교회의 박봉진 목사이다. 섬이라 해서 이때의 어려움을 피해가갈 수 없었다. 임자진리교회의 문준경 전도사와 이판일 장로 역시 신사참배를 거부한다는 죄목으로 목포까지 끌려가 신사참배를 강요당하고 심문을 당하고 심지어 고문도 당했다.

임자도는 증도에 비해 큰 섬이다. 증도의 세 개 섬을 다 합친 것보다 임자도가 더 크다. 섬이 크다 보니 서남해안의 해산물이 집중되고 군사적인 요충지로서 역할을 했다. 무엇보다 임자도는 조선시대 대표적인 유배지였다. '은동'이라는 곳은 나라에 큰 잘못을 저지른 대신이 유배된 절해의 외로운 곳이었다. 그렇다고 임자도가 항상 쓸쓸하지만은 않다. 오뉴월 임자도에는 난데없는 튤립 향기가 가득하다. 이때 단단한 모래와 큰 규모의 해수욕장으로 유명한 대광해수욕장 바로 옆에 엄청난 넓이의 튤립 정원과 네덜란드 풍차가 들어선다. 그러면 섬이 예전 파시가 열리던 때처럼 관광객으로 시끌하고 풍성해진다.

이판일과 48명의 거룩한 성도들

한국전쟁 발발 후 남도의 여러 섬들처럼 임자도에도 공산세력들이 들어오자, 삽시간에 섬은 공산치하가 되고 말았다. 많은 사람들이 잡혀가고 죽임을 당했다. 처음에는 우익세력과 그 가족이 대상이었으나 상황이 점점 악화되어 가끔 일반 양민들도 속절없이 죽임을 당하곤 했다. 그리고 그 숫자가 점점 많아지기 시작했다.

임자진리교회는 섬이 공산치하로 들어간 때부터 인민위원회의 사무실로 쓰였다. 교회 간판과 십자가 등이 뜯겨 나갔다. 이판일 장로와 성도들은 비

이판일 장로와 48인의 순교지

밀리에 회의를 이판일 장로의 집에서 비밀 예배를 드리기로 결정했다. 그렇게 어려운 공산치하에서도 임자진리교회의 신앙은 계속 이어지고 있었다. 공산당원들이 그들을 예의주시하고 있었던 것은 당연했다.그러던 어느 주일 아침, 여느 때처럼 이판일 장로의 집에서 예배를 드리고 있는데 공산당원들이 쳐들어왔다. 그리고 핵심인물 두 사람, 이판일과 그의 동생 이판성을 붙잡아갔다.

그들은 바로 목포 인민정치보위부로 압송되었다. 그들은 감옥에 갇혔고 잡혀온 사람들과 더불어 죽을 날만 기다리고 있었다. 그런데 놀랍게도 이전 일제치하의 고등계에서 벌어진 일과 비슷한 상황이 일어났다. 당 간부인 한 젊은이가 이판일을 알아보았고 그와 동생을 석방해 준 것이다. 그렇게 그들이 우연찮게 풀려난 며칠 후 국군이 남한 대부분을 수복했다는 소식과 함께 목포 지역도 수복되었다. 그리고 같은 곳에 잡혀왔던 증동리교회의 문준경과 임자진리의 이성봉 등도 모두 풀려났다. 그들은 그 길로 이성봉 목사를 만났다. 이성봉 목사는 섬 사정이 안정될 때까지 목포에 남아 있으라고 말했다. 그러나 이판일 형제와 문준경은 그럴 수 없었다. 그들은 믿음의 형제와 자매들이 있는 교회로 돌아가겠다는 운명적인 결정을 내렸다.

10월 4일, 이판일 장로 형제는 문준경 전도사와 함께 증도를 거쳐 임자도로 향하는 배를 탔다. 형제는 증도 버지선착장에 문준경을 내려준 후 임자도로 들어왔다. 신실한 형제는 그 주일 밤에 성도들과 함께 한자리에 모였다. 이판일은 그 자리에서 일주일 동안 자신이 겪은 일들을 성도들과 나누었다. 그리고 하나님께서 자신들을 어떻게 보호하시고 인도하셨는지 설교로 나누었다. 곧 성도들은 이판일 형제를 따라 찬송했다. "환란과 핍박 중에도 성도는 신앙 지켰네……성도의 신앙 따라서 죽도록 충성하겠네."

찬송을 부르던 중 갑자기 밖이 소란해졌다. 총과 몽둥이와 죽창으로 무장한 공산당원들과 좌익세력들이 예배처소인 이판일의 집을 둘러싼 것이다. 그들은 곧 집안으로 들이닥쳤다. 그리고 예배 중이던 사람들을 바깥으로 끄집어냈다. 그들은 이판일과 성도들을 한 명씩 한 줄로 묶었다. 그리고 '악질 반동분자'라는 말을 연발하며 그들을 마구 구타하고 미리 예정된 처형장소로 끌고 갔다. 한마디로 처절한 골고다의 행진이었다. 이 마지막 행진에 이판일의 늙은 어머니와 다섯 살짜리 아이들도 있었다. 이판일은 마지막 형장으로 끌려가는 그 길을 어머니를 업고 갔다. 그는 10여 리의 기나긴 마지막 길을 그렇게 십자가 지듯 걸어갔다. 이판일이 어머니에게 말했다. "제가 어렸을 때 어머니가 늘 저를 이렇게 업고 다니셨지요. 추운 날에도 어머니 등에 있으면 편안했어요." 그러자 늙은 어머니가 대답했다. "그래도 하나님의 은혜로 우리가 이 길을 함께 가는구나."

이판일 장로와 임자진리교회 48명의 성도들은 공산당원들이 미리 파놓은 구덩이가 있는 곳으로 끌려갔다. 그리고 그곳에서 어른과 아이, 노인과 부녀자 할 것 없이 모두 구덩이에 던져지고 죽창과 몽둥이를 맞아 죽임을 당했다. 마지막 순간, 이판일은 늙으신 어머니만은 다른 방식으로 죽여달라고 애원했지만, 폭도들은 그의 부탁을 비웃듯 노모를 먼저 죽창으로 죽였다. 이판일은 그 모습을 바라보며 구덩이 앞에서 마지막 기도를 드렸다. 그리고 몽둥이와 죽창에 맞아 죽임을 당했다.

진리교회에 위치한
'임자진리교회
48명 순교기념탑'

　놀랍게도 이판일 장로가 죽은 바로 그 시간, 10월 5일 새벽에 증동리에
서 문준경 전도사가 순교했다. 두 사람은 안전한 목포를 버리고 자신의 양
들을 위해 폭도들이 기다리는 임자도와 증도로 돌아왔다. 그리고 거의 같은
시간에, 두 사람은 양들을 살리려는 노력 가운데 그리고 신앙의 지조를 지
키는 기도 가운데 순교했다.

이인재 목사의 사랑

임자진리교회 이야기의 전편이 신앙의 지조와 순교라면, 후편은 놀라운 사랑의 이야기이다. 이판일 장로의 아들 이인재는 목포에서 아버지와 작은 아버지를 그렇게 보내고 임자도가 국군에게 수복되는 시점에 국군과 함께 섬으로 들어갔다. 이인재는 가장 먼저 아버지의 집으로 향했다. 인기척이 없었다. 이인재는 곧 아궁이에 손을 대 보았다. 온기가 있었다. 다행이라고 생각했다. 아궁이가 따뜻하니 아버지와 가족들이 안전하다고 여긴 것이다. 그는 곧 그것이 사실이 아니라는 것을 알게 되었다. 아버지와 가족들 그리고 임자진리교회의 48명이 아버지가 도착한 그날로 학살을 당했다. 그리고 아버지의 집은 지금 아버지와 가족을 죽인 원수들이 차지하고 있었던 것이다.

이인재는 곧 국군을 불러들였다. 그리고 원수들을 모두 체포했다. 이인재의 마음에는 오직 한 가지 생각 곧 보복밖에 없었다. 섬의 곳곳에서 비슷한 일들이 벌어지고 있던 터였다. 좌익에게 무고하게 죽임을 당한 이들의 가족들이 좌익에 가담한 이와 그 가족들에게 보복을 하고 있었다. 국군은 당연히 방관했고 오히려 조장했다. 이인재에게도 기회가 왔다. 그렇게 그는 아버지와 가족의 원수들을 체포할 수 있었고 즉결 심판대에 올렸다. 그에게도 총이 쥐어졌다. 그런데 그 순간 그에게 음성이 들렸다. "아들아, 내가 그들을 용서했으니 너도 그들을 용서하거라." 아버지의 음성이었다. 아버지 이판일 장로의 음성은 너무나 또렷했다. 그는 그 자리에 주저앉았다. 잠시 후 그는 국군 부대장에게 그들이 아버지와 가족을 죽인 좌익이 아니라

고 말하고는 그들을 풀어주었다. "당신들이 죽인 나의 아버지가 당신들을 용서했으니 나도 당신들을 용서합니다." 이판일과 48인을 죽음으로 내몬 마을의 좌익들은 이판일과 이인재의 그리스도의 용서하는 마음 가운데 삶을 부지할 수 있었다.

이인재는 가족의 장례를 치른 후 곧 섬을 떠났다. 섬에 있을 수 없었다. 그는 목포에서 사업을 했다. 그리고 얼마 후 하나님의 부르심을 받고 아버지의 유지를 받들어 목회자가 되었다. 그렇게 목회 생활을 하던 그가 82년 마지막 임지로 삼은 곳은 바로 임자진리교회였다. 그는 아버지 이판일 장로와 문준경 전도사의 뜻이 서려 있는 진리교회에서 마지막 10년을 목회했다. 그리고 그곳에서 은퇴했다. 이인재 목사는 임자진리에서의 마지막 10년 동안 평생의 한을 스스로 삭히는 세월을 보냈다. 매일 혹은 매주일 보아야했던 육신의 원수들에 대한 불편함과 한스러움 그리고 증오 등을 그리스도의 마음과 하나님의 영으로 내려앉힌 것이다. 사도바울의 "날마다 죽노라"는 고백은 다름 아닌 이인재의 고백이었다. 이인재는 아버지와 가족들 그리고 성도들을 죽인 사람들이 여전히 살고 있는 그 땅에서 목회의 마지막 사력을 다했다. 임자진리의 사람들은 임기를 마치고 은퇴하며 떠나는 그를 향해 "남도 한편에 손양원이 있다면 남도의 다른 한편에는 이인재 당신이 있었다."라고 말했다고 한다.

순교자들을 위한 기념교회

1991년 기독교대한성결교회는 임자진리교회를 순교자기념교회로 정했다. 그리고 순교기념탑을 세웠다. 순교자기념교회가 되기 전, 임자진리교회는 1963년에 아담하고 예쁜 돌담교회를 건축했다. 그런데 이인재 목사가 은퇴하고 1년 후에 그만 교회가 불에 타고 말았다. 새로 부임한 박성균 목사와 임자진리의 사람들은 순교자기념교회다운 면모를 원했다. 그리고 용기를 내어 서울의 유명한 건축사무소에 설계와 건축을 의뢰했다.

이수근 건축사무소의 설계사 정종영 선생은 임자도가 어디에 있는 섬인지, 임자진리교회가 무엇을 하는 곳인지도 몰랐다. 그 교회가 순교자의 교

회인지, 순례자의 교회인지는 더더군다나 몰랐다. 그는 기독교인도 아니었다. 그런 그가 교회 사람들의 방문을 받고 순교자들의 신실한 삶과 고결한 죽음이 깃든 임자진리교회의 사연을 듣자 그 교회 설계를 맡기로 했다. 대신 조건을 내걸었다. 교회 부지가 1,000평 이상일 것, 설계한대로 지을 것 그리고 감리는 이수근 건축사무소에서 진행할 것 등이었다. 그리고 설계는 무료로 할 것이며 건축실비만 준비하라는 단서도 추가로 붙였다.

지금 임자진리교회는 섬을 찾는 이들의 단골 방문 장소가 되어 있다. 아름다운 건축과 빼어난 공간 배치로 인한 멋스러움이 한 눈에 들어온다. 48명의 순교 정신이 고스란히 교회 공간 곳곳에 담겨 있다. 교회는 순례자들이 방문하면 일단 그들의 마음을 차분하게 가라앉힌다. 그리고 그 정돈된 마음으로 예배실로 나아오도록 안내한다. 교회는 단순한 교회가 아니요, 그냥 성전이 아니라는 것을 분명하게 말한다. 남도의 작은 섬을 방문한 사람들은 그렇게 그 섬 한편에서 설립자들의 고귀한 마음, 순교자들의 정신을 접하게 된다.

임자진리교회는 문준경이 선교의 열정으로 씨를 뿌리고 이판일과 이판성이 정도를 걷는 신앙으로 싹을 틔워 이인재의 용서와 사랑이 결실을 거둔 남도의 성지이다. 임자진리교회는 미움으로 삶이 무너지고, 모략으로 지친 이들, 원수 맺는 일 가운데 상처받은 이들이 자기를 쳐서 복종하여 용서와 사랑을 훈련하는 은혜로운 회복의 성전이다.

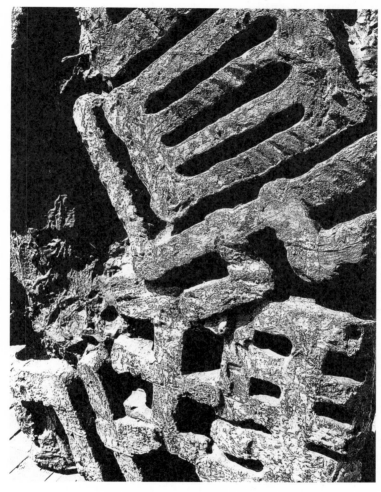

"진리가 너희를 자유케 하리라" 임자진리교회를 건축한 후 머릿돌에 새긴 성경의 글귀이다. 순례 여행을 마치는 모든 순례자에게 진리 가운데 담대하게 서서 진리로 삶을 갱신하고 진리로 참자유의 길을 나아가도록 권면한다.

사명의 자리로 나아가다

- 읽을말씀: 사도행전 9장 17~22절
- 새길말씀: 사울은 힘을 더 얻어 예수를 그리스도라 증언하여 다메섹에 사는 유대인들을 당혹하게 하니라(행 9:22)

이 말씀을 묵상한 순례자는

바울처럼, 문준경처럼 변화된 삶으로 나아가 복음을 전하는 삶을 살 것을 결단합니다.

말씀읽기

다같이 사도행전의 말씀을 읽겠습니다.

17. 아나니아가 떠나 그 집에 들어가서 그에게 안수하여 이르되 형제 사울아 주 곧 네가 오는 길에서 나타나셨던 예수께서 나를 보내어 너로 다시 보게 하시고 성령으로 충만하게 하신다 하니
18. 즉시 사울의 눈에서 비늘 같은 것이 벗어져 다시 보게 된지라 일어나 세례를 받고
19. 음식을 먹으매 강건하여지니라 사울이 다메섹에 있는 제자들과 함께 며칠 있을새
20. 즉시로 각 회당에서 예수가 하나님의 아들이심을 전파하니
21. 듣는 사람이 다 놀라 말하되 이 사람이 예루살렘에서 이 이름을 부르는 사람을 멸하려던 자가 아니냐 여기 온 것도 그들을 결박하여 대제사장들에게 끌어 가고자 함이 아니냐 하더라
22. 사울은 힘을 더 얻어 예수를 그리스도라 증언하여 다메섹에 사는 유대인들을 당혹하게 하니라

📜 말씀읽기

1 432년, 영국의 왼쪽에 위치한 아일랜드에 선교사 패트릭(Patrick)이 도착했습니다. 그는 원래 영국 땅에 살던 사람이었습니다. 그런데 소년 시절 이 섬 출신 해적들에게 붙잡혀서 섬 원주민의 노예가 되어 돼지를 치며 살았습니다. 당시 아일랜드에는 드루이드족의 잔인한 풍속이 가득했습니다. 특히 당시의 노예들에게 큰 두려움이자 고통이었던 사람을 제물로 삼아 죽이는 풍습이 있었습니다. 패트릭은 6년 동안 노예 생활을 하다가 다행히 이런 고통의 땅으로부터 탈출할 수 있었습니다. 그는 프랑스의 성 호노라트 섬으로 가 그 곳에서 수도원 생활을 하게 됩니다. 놀라운 일은 그렇게 프랑스에서 수도사 생활을 하던 패트릭을 하나님께서 부르신 것입니다. "어두움 깊은 곳에서 하나님께서 나를 부르셨습니다. 나는 빅토리커스라는 사람을 보았는데, 마치 아일랜드에서 온 사람 같았습니다. 그는 수많은 편지들을 가지고 와서 그 중 하나를 내게 주었습니다. 그리고 내가 그 편지를 읽기 시작했을 때 서쪽 해안 가까이에 있는 포클루스 숲에서 나는 소리를 들었습니다. 그 소리는 '믿는 자여, 와서 우리와 다시 한번 같이 지내자.'는 것이었습니다. 패트릭은 이 소리를 하나님께서 아일랜드 선교를 위해 자신을 부르시는 음성이라 여겼습니다. 얼마 후 패트릭은 무자비한 노예로 포로생활을 했던 아일랜드에 선교사로 갔습니다. 그는 평생 동안 아일랜드에 200여 개의 교회를 세우고 10만 명이나 되는 사람들을 개종하도록 한 것으로 잘 알려져 있습니다.

2 예수님은 스스로 선지자는 고향에서 높임을 받지 못한다고 하셨습니다. 자신을 잘 알고 자신의 추한 모습까지 알고 있는 사람들 사이에서 진리를 외치고 공의를 선포하는 일은 무척 어려운 일입니다. 그래서 지방 관리로 나가는 사람이 자기 고향에 가지 않는 것이고 선생이 자기 고향의 학교로 돌아가지 않는다는 말이 있는지 모르겠습니다. 목회자들도 가족들 앞에서 설교하는 일이 세상 누구 앞에서 설교하는 것보다 어렵다는 말을 하기도 합니다. 그러나 무엇보다 어려운 일은 자신을 학대하고 못살게 굴던 사람들에게 다시 돌아가 그들을 선대하고 그들을 위해 봉사하는 일일 것입니다. 그리스도

인의 삶에 종종 이런 일이 있습니다. 하나님께서는 당신의 사람들을 사역의 자리로 보내실 때 종종 그들이 이전에 창피를 당했던 곳, 그들이 부끄러움을 당했던 곳, 심지어 그들이 고통당했던 곳으로 가도록 하시곤 합니다. 아무리 복음을 전하는 일이라지만 그 일은 정말 쉽지 않습니다. 이전에 자신을 창피하게 했던 사람 앞에서 복음을 전하다 보면 더 큰 봉변을 당할 수도 있습니다. 이전에 자신을 업신여기던 사람들 앞에서 복음을 말하다 보면 복음 자체가 업신여김을 당할 수도 있습니다.

3 바울이 회심을 했습니다. 이전에는 예수님과 예수님을 믿는 사람들을 핍박했던 그가 이제 예수님을 바르게 알고 오히려 예수님을 전하는 사람이 되었습니다. 오늘 말씀에 의하면 그의 변화는 매우 극적인 것이었습니다. 예루살렘을 출발할 때만 해도 바울은 예수 믿는 사람들을 가만두지 않겠다는 굳건한 의지의 소자였습니다. 그는 다메섹에 도착하기만 하면 예수 믿는 유대인들을 색출하여 예루살렘으로 끌고 가려 하고 있었습니다. 그런 그에게 예수님께서 찾아오셨습니다. 그리고 그가 변했습니다. 그의 인생에 변화의 순간이 찾아오자 그는 곧 새로운 사

람이 되었습니다. 이제 그는 예수 그리스도를 증거하는 사람이 되었습니다. 그에게 예수가 멸망의 길이 아닌 영생의 길이 된 것입니다. 이제 그는 더 이상 예수 믿는 사람들을 핍박하는 사람이 아닙니다. 이제 그는 오히려 예수 믿는 사람들의 든든한 동역자가 되었습니다. 바울을 알던 다메섹과 예루살렘의 사람들은 이 모든 일을 신기하게 여겼습니다. 사람들은 때로 바울을 기이하게 여기고 비웃고 심지어 이전과 사뭇 달라진 그를 죽이려 하기까지 했습니다. 그러나 바울은 굴하지 않았습니다. 그 모든 시련과 조롱과 고난 앞에서 바울은 담대하게 복음을 전했습니다. 그는 이제 복음 증거자로 세상, 특별히 유대인들 사이에 우뚝 서게 되었습니다.

순교자이야기

4 문준경 전도사는 그 당시 사회에서는 받아들이기 어려운 삶의 질고를 안고 살았습니다. 결혼한 지 얼마 되지 않아 남편이 다른 여자와 함께 증도를 떠나 옆 섬 임자도로 가 버린 것입니다. 새색시는 그렇게 홀로 증도 시댁 식구들과 낯선 섬사람들 사이에 남겨졌습니다. 이

런 식의 남편과의 불화는 당시 여인으로서 참으로 견디기 어려운 문제였습니다. 그러나 문준경 전도사는 그렇게 운명처럼 얽힌 현실에 머물지 않았습니다. 한순간 예수 그리스도께서 그녀에게 오신 후 그녀는 변화된 삶을 살게 되었습니다. 무엇보다 놀라운 것은 그녀에게는 약점이요 아킬레스건이라고 할 만한 남편과 첩이 사는 임자도에 문준경 전도사가 교회를 개척했다는 사실입니다. 문준경 전도사는 담대했습니다. 그녀는 자신의 인생에 있어서 가장 어두운 곳, 임자도에 복음의 빛을 밝히는 일에 매우 열정적이었습니다. 그렇게 문준경 전도사는 마치 예수님께서 갈릴리에서 복음 사역을 시작하셨듯, 바울이 유대인들 틈바구니에서 복음 전파를 시작했듯, 임자도에서 복음 사역자로서 새 삶을 시작했습니다.

 나의 삶 이야기

5 우리는 짧은 순교영성 순례의 여정을 마무리하는 시간에 와 있습니다. 이제 우리는 우리 각자의 삶의 자리로 돌아가야 합니다. 이 시간 우리는 예수님께서 사십 일의 금식기도와 사탄의 시험을 이기신 후 갈릴리와 나사렛으로 돌아가셨듯, 바울이 다메섹 도상에서 회심한 후 그의 원래 자리인 유대인들 사이로 돌아갔듯, 그리고 문준경 전도사가 그의 운명적인 삶의 자리 임자도로 나아갔듯, 우리의 삶의 자리로 돌아갈 준비를 하고 있습니다. 각자의 삶의 자리로 돌아가는 우리는 이전 여행을 준비하고 여행을 떠나기 전의 모습과 같은 모습일 수 없습니다. 이제 우리는 문준경 전도사와 더불어, 그리고 바울과 더불어 다시 한번 하나님의 사람, 예수 그리스도의 십자가의 사람으로 거듭났습니다. 이제 우리 삶을 주관하는 것은 세상의 어떤 가치가 아니라 오직 하나님의 은혜와 예수님의 사랑, 그리고 성령의 능력으로 인도하심뿐입니다. 지금부터 우리는 복음을 따라, 복음을 위해, 복음을 전하는 삶을 살기로 결단합니다. 도무지 바뀌지 않은 운명과도 같은 우리 삶의 현실은 우리가 딛고 이겨 극복해야할 대상일 뿐입니다. 우리는 복음의 능력으로 우리에게 주어진 삶의 암울한 현실을 이길 수 있습니다. 우리는 십자가 능력과 사명으로 반드시 승리할 수 있습니다.

기도하며 회복하기

이제 문준경 전도사 순교영성 순례의 마지막 시간입니다. 오늘 함께 나눈 사도행전 9장의 말씀을 다시 한번 묵상하고 이제 새롭게 시작될 우리 각자의 삶을 위해 기도해 봅시다. 특별히 우리 각자의 삶의 어두운 부분들을 위해 기도하는 가운데 복음의 능력으로 더욱 담대하게 선한 싸움을 싸워 복음의 승리를 이룰 수 있도록 기도합시다. 필요하다면 동행한 형제 자매들과 더불어 승리하는 삶을 위해 중보의 기도를 나눕시다.

부록

1. 증도와 임자도 찾아가는 길

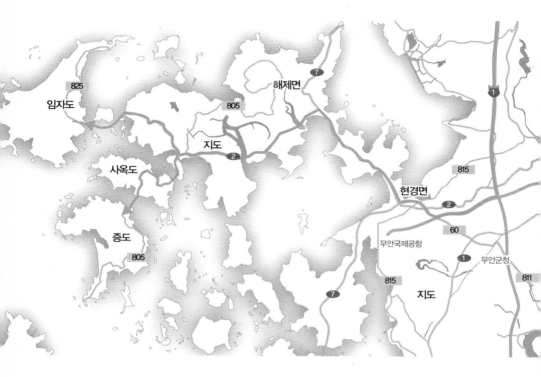

순례여행의 주인공 문준경 전도사를 만나기 위해서는 증도로 가야 한
다. 자동차로 증도를 찾아가는 길은 호남고속도로를 타고 오다가 광주로 들
어가 광주무안고속도로(12번)를 이용하는 방법과 서해안고속도로로 와서
함평 JC에서 무안 방향으로 광주무안고속도로를 이용하는 방법이 있다. 이
두 가지 중 하나를 선택해야 한다. 광주무안고속도로를 이용해서 무안공항
방향으로 오다 보면 북무안 나들목이 나오는데, 여기서 77번 국도를 이용

하여 현경면 방향으로 이동한다. 일단 현경면사무소를 지나서 다시 24번 국도를 이용하여 수암교차로로 와서는 지도면 방향으로 좌회전, 역시 24번 도를 이용하여 진행한다. 이렇게 하여 지도읍에 도착하면 805번 지방도로를 이용하여 솔섬과 사옥도를 지나 증도대교를 넘는다. 그러면 드디어 문준경 전도사의 증도에 도착하게 된다. 만일 임자도로 가려면 지도읍에서 24번 국도를 계속 이용하여 점암선착장으로 간다. 그곳에서 임자도로 가는 배를 이용한다. 임자도로 가는 배는 철선으로, 승용차 승선이 가능하다.

  자동차가 아닌 대중교통을 이용할 경우, 서울에서 출발할 때에는 강남 센트럴시티 터미널에서 지도읍 공용터미널까지 오거나 혹은 증도의 엘도라도 리조트나 임자도로 들어가는 점암선착장까지 왕래하는 고속버스를 이용할 수 있다. 서울이나 인천, 경기 지역이 아닌 다른 곳에서 증도와 임자도에 올 경우에는 일단 광주나 목포, 무안까지 와서 지도읍으로 가는 버스를 이용해야 한다. 지도읍에 도착하면 증동리나 임자도로 가는 농어촌 버스를 이용하여 섬으로 들어갈 수 있다. 대중교통을 이용하는 것이 조금 불편할 수 있으나 순례여행이라는 것을 감안할 때, 조용한 묵상과 기도를 할 수 있는 대중교통을 이용하는 것도 괜찮은 방법이다.

■ 임자도와 지도를 오가는 선박 운행 시간표 및 요금과 증도일대의 숙박시설
  점암선착장에서 지도로 들어가는 배의 요금은 1인당 3,200원이고, 차량에 승차한 경우 차량 요금으로 대체한다. 승선 요금은 왕복요금을 기준으로 하고 표는 진리선착장에서 지도로 나올 때 끊는다.

지도(점암선착장)-임자도(진리선착장)	지도(점암선착장)-임자도(진리선착장)
07:00	06:00
08:00	07:30
09:00	08:30
10:00	09:30
11:00	10:30
12:00	11:30
13:00	12:30
14:30	14:00
15:30	15:00
16:30	16:00
17:30	17:00
18:30	18:00
20:00	19:30
22:00	21:30

■ 임자도-지도 선박 차량 승선요금

경승용차	16,000원
준중형승용차	20,000원
경승합차	17,000원
9인승 이하 승합차	21,000원
15인승 이하 승합차	25,000원
25인승 이하 승합차	58,000원
35인승 이하 버스	104,000원
45인승 이하 버스	177,000원

■ 증도의 교통수단 안내

증도버스1	010-3666-3978
증도버스2	010-8888-4478
증도택시1	061-271-2060, 011-614-8419
증도택시2	061-275-7998, 011-9617-7607

지도버스터미널	061-275-0181
무안버스터미널	061-453-2581
목포버스터미널	061-276-0220
광주고속버스터미널	062-360-8114
신안군 문화관광과	061-241-8355, http://tour.shinan.go.kr/

■ 증도일대 숙박시설

엘도라도리조트	061-260-3300, http://www.eldoradoresort.co.kr
증도민박	061-275-8400, http://www.j-minbak.com

■ 증도일대 주요기관

증도면사무소	061-271-7619
증도파출소	061-271-7612
증도보건지소	061-271-7532
증동리농협	061-271-7555
하나로마트	061-271-7554
신안갯벌센터 및 슬로우시티센터	061-275-8400
소금박물관	061-275-0829
솔트레스토랑	061-261-2277

2. 증도 순례 안내를 위한 주요 교회들과 기관

증동리교회	증도면 증동리 1304번지, 061-271-7547
대초리교회	등도면 대초리 111번지, 061-275-7625
우전리교회	증도면 우전리 82번지, 061-275-7825
장고리교회	증도면 장고리 1215번지, 061-275-7663
방축리교회	증도면 방축리 152번지, 061-271-7942
염산교회	증도면 방축리 511번지, 061-261-2080
화도교회	증도면 대초리 화도 71번지, 061-271-2080
증도제일교회	증도면 증동리 1785-4번지, 061-271-3849
병풍교회	증도면 병풍 432번지, 061-246-2133
기점교회	증도면 병풍2구 441번지, 061-275-3294
소악교회	증도면 병풍2구 산 240-2번지, 061-261-3965
임자진리교회	임자면 진리 256-3, 061-275-5322
문준경순교기념관	증도면 증동리 1817번지, 061-271-3455, http://www.mjk1004.org

3. 증도가 주는 슬로우 푸드

사람마다 생김이 다르듯 섬의 얼굴도 각양각색이다. 전남 신안군의 1,004개 섬도 그렇다. 증도에는 하늘이 내려준 하얀 소금이 있다. 이 섬의 얼굴이다. 드넓은 갯벌 그리고 바닷물, 바람, 햇빛이 빚어내는 증도 천일염은 바다로부터 물을 유입시켜 증발지에 부어두고서 물 온도 25도가 유지될 때까지 기다리는 가운데 완성된다. 이곳은 우리나라에서 제일 큰 단일염전으로, 꽤 많은 소금이 이곳 증도의 태평염전에서 만들어진다. 140만 평에 달하는 염전평야에서 약 1만 6천 톤에 이르는 소금을 생산한다. 증도의 소금을 최상으로 인정하는 까닭은 증도갯벌의 게르마늄 함량이 가장 높고 입자가 미세하여 맛에 깊이가 있기 때문이다.

　증도에는 염색 식물원이 있다. 원래 염전에는 갯벌 식물들이 있다. 오래
전부터 염부들은 염색식물들이 소금을 생산하는 데 불필요하다고 생각해서
뽑아 제거하였다. 이러한 염색 식물 중에 우리가 먹을 수 있는 것이 있는데,
바로 함초다. 염전 주변에서 자라는 함초는 천연미네랄과 식이섬유가 풍부해
서 요즘엔 일부러 재배하기도 한다. 건강식품으로 사람들에게 인기가 좋다.

꽃의 섬 '화도(花島)'에는 옥황상제의 딸 선화공주가 이곳에서 귀양살이를 하면서 외로움을 달래기 위해 가꾼 꽃들이 온 섬에 가득하게 되었다는 전설이 전해진다. 화도는 김 양식으로도 유명하다. 화도 지주식 양식 김은 대나무 말뚝을 박은 뒤 거기에 김발을 매달아 키운다. 증도 일대의 양식 김은 조수 간만의 차가 큰 이곳의 특성상 하루 8시간 이상 햇볕에 노출된다. 덕분에 김 특유의 맛과 향이 풍부하다. 매일 햇볕에 노출되는 탓에 어민의 손길이 더욱 바지런해야 하지만 그렇게 만들어진 김은 어디에도 없는 친환경식품으로 탄생하여 우리 밥상에 초대된다.

증도 특산물판매소 061-261-5562, 010-2033-5562
화도지주식 김 061-261-5569, 010-3817-5569
증도 특산물 소개: 증도닷컴, www.jeung-do.com

4. 문준경 순교영성 순례 일정(2박3일)

	1일차	2일차		3일차
오전		❶ 문준경순교기념관 ❺ 버지선착장 ❻ 태평염전, 소금박물관 ❼ 등선리	❽ 대초리우물터 ❾ 화도교회 ❿ 대초리교회	⑳ 임자진리교회 ㉑ 진리교회 48인 순교터 ㉒ 대광해변 ㉓ 순교자묘역
오후	❶ 문준경순교기념관 ❷ 증동리교회 ❸ 산정봉 ❹ 광암나루터 노둣길	❿ 대초리교회 ⓫ 우전리 당나무 ⓬ 우전리 당산 ⓭ 우전리교회 ⓮ 엘도라도 리조트 및 해변 ⓯ 문준경전도사 순교지 및 묘역	⓰ 방축리교회 ⓱ 신안유물출토기념비 ⓲ 도덕도 ⓳ 염산교회	
오후	● 문준경전도사 순교기념관 ● 증도내 교회 집회	● 문준경전도사 순교기념관 ● 증도내 교회 집회		

■ 순례영성 순례일정별 순례지 안내

문준경 순교영성을 순례하는 여행은 2박3일을 원칙으로 다음과 같은 일
정으로 진행한다. 순례자는 우선 해당 출발일 아침 일찍 각자의 출발지에서

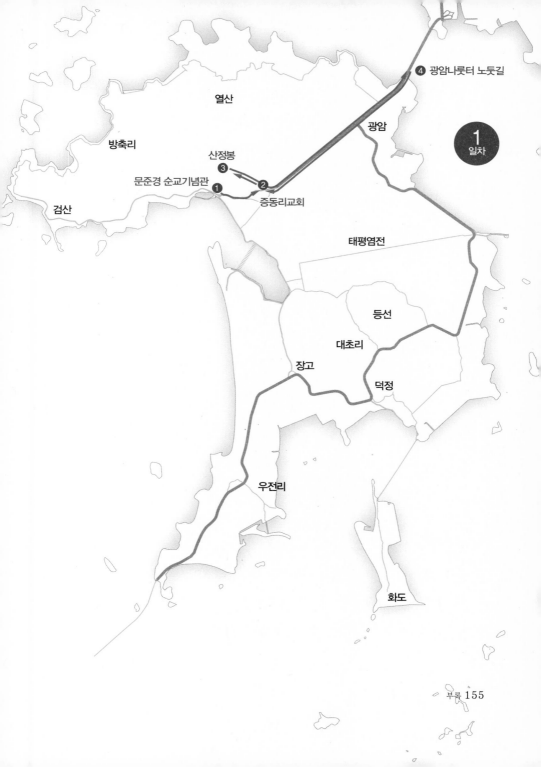

열산

방축리

검산

❶ 문준경 순교기념관

산정봉
❸
❷
증동리교회

❹ 광암나룻터 노둣길

광암

태평염전

등선

대초리

장고

덕정

우전리

화도

1
일차

증도까지 이동을 해야 한다. 그리고 증도에 입도하면 문준경순교기념관이나 기타 숙박시설에 짐을 풀고 간단한 점심식사를 한 후, 문준경순교기념관으로 이동한다. 그곳에서 순교영성 순례여행을 안내할 해설사를 만나 전체여정에 대한 오리엔테이션을 받거나 앞으로 2박 3일간 진행할 순례여행의 전체 여정을 점검한다. 이 시간, 순례자들은 가이드북이 제공하는 첫 번째 묵상의 시간을 갖는다. 첫 번째 묵상의 시간이 부족하다고 생각되면 미리 교회나 각 출발지에서 첫 번째 묵상의 시간을 갖도록 한다.

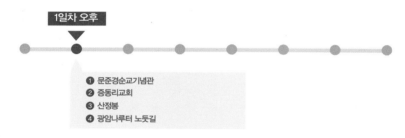

이제 본격적인 순례 여행을 시작한다. 순례자가 먼저 가보아야 하는 곳은 증동리교회이다. 증동리교회에 도착하면 증동리교회와 산정봉 일대, 그리고 증도대교 아래 노둣길을 돌아보고 다시 증동리교회로 돌아와 본 안내서가 제안하는 두 번째 묵상의 시간을 갖는다. 묵상은 교회의 목회자의 안내를 받아 예배실이나 혹은 별도의 조용한 장소에서 시행한다. 순례자는 먼저 증동리교회의 역사와 의미에 대해 나누고 문준경 전도사의 증동리교회에서 행한 사역에 대해 배운다. 이어서 증동리교회와 문준경순교기념관 뒤편에 위치한 산정봉을 등반한다. 산정봉 등반은 증동리교회 뒤편으로 이어진 길을 이용하여 올라간다. 소요시간은 약 15분 정도이며, 산 정상에 있는 헬기장 전망대와 그 아래쪽에 위치한 문준경 전도사의 기도터를 돌아보고 하산한다. 산정봉 등반은 증동리교회 방문과 더불어 진행하거나 둘째 날 새벽에 등반하는 방법이 있다. 이 두 가지를 모두 시행하거나 두 가지 중 가운데 한 가지만 시행한다. 산정봉 등반을 마친 후 순례자는 증도대교 아래 노둣길을 방문하여 섬사람들의 삶과 문준경 전도사의 사역의 애환 등에 대해 나누어 본다.

저녁식사를 마친 후, 순례여행을 함께한 사람들, 혹은 가족과 더불어 문준경순교기념관에서 제공하는 별도의 장소에 모여 집회를 갖거나 기도회 혹은 중보기도의 시간을 갖는다. 이때 순례자는 문준경 전도사와 바울, 그리고 이 땅의 비전 어린 사역자들의 삶을 묵상하며 자신의 삶을 돌아보는 시간을 갖는다.

염산
⑱ 염산교회

⑱ 도덕도
방축리

신안유물출토기념비
⑰

검산

방축리교회
⑯

문준경
순교기념관
①

⑮ 문준경 전도사
순교지 및 묘역

광암

곡도

태평염전

태평염전
소금박물관 ⑥

버지선착장
⑤

등선마을 ⑦
등선
대초리우물터
대초리

⑧

⑩
대초리교회

돌마지

장고

덕정

2
일차

엘도라도리조트 및 해변 ⑭
⑬ 우전리교회

우전리 당산 ⑫
⑪ 우전리
당나무

⑨ 화도교회

화도

2일차 오전

❶ 문준경순교기념관   ❽ 대초리우물터
❺ 버지선착장   ❾ 화도교회
❻ 태평염전, 소금박물관   ❿ 대초리교회
❼ 등선리

6시경 기상하여 해설사 혹은 관계자의 안내를 받아 산정봉 등반을 한다. 산정봉 정상에서 한반도 지형을 닮은 우전리 해송숲을 바라보며 함께 기도하는 시간을 갖는다. 산정봉에서 하산한 후에 아침 식사를 하고 이어서 등선리를 거쳐 대초리교회로 이동한다. 먼저 버지선착장을 돌아보고 소금박물관과 태평염전의 소금, 그리고 갯벌체험관을 돌아본다. 그리고 등선리로 가서 문준경 전도사가 처음 대초리 사역을 시작하면서 거주했던 시댁 주변을 돌아본 후 대초리로 넘어가 대초리 옛 우물터와 잠동길 등을 돌아보며 섬마을 사역의 애환에 대해 생각해본다. 이어서 화도로 가서 화도교회와 화도의 풍경을 돌아본 뒤 다시 대초리로 돌아와 대초리교회를 방문하여 아름다운 교회의 외형과 내부를 돌아본다. 이곳에서 순례자는 혼자서 혹은 동료들과 함께 세 번째 묵상을 한다.

2일차 오후

❿ 대초리교회   ⓭ 우전리교회   ⓰ 방축리교회   ⓳ 염산교회
⓫ 우전리 당나무   ⓮ 엘도라도 리조트 및 해변   ⓱ 신안유물출토기념비
⓬ 우전리 당산   ⓯ 문준경전도사 순교지 및 묘역   ⓲ 도덕도

대초리 일대에서 점심식사를 마친 후, 장고리를 지나 우전리로 간다. 우전리에서 마을 입구의 당나무와 우전리 뒷산에 있는 제단터를 돌아보고 하늘과 바다를 섬기던 섬마을 사람들의 정서를 느낀 후 우전리교회를 방문한다. 이어서 순례자는 엘도라도 리조트에 들러 리조트 앞 바닷가에서 잠시 휴식한다. 휴식을 마치면 다시 발걸음을 옮겨 문준경 전도사 순교지로 이동한다. 순교지에서 순례객은 순교의 의미와 가치 등에 대해 배우고 네 번째 묵상의 시간을 갖는다. 이어서 방축리교회와 염산교회를 방문한 뒤 문준경기념관으로 이동, 저녁식사 시간을 갖는다.

저녁식사를 마친 순례자는 문준경기념관 전시실을 돌아본 뒤 집회나 모임 장소로 이동하여 둘째 날 저녁 집회나 기도, 묵상의 시간을 갖는다.

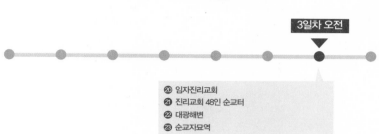

20 임자진리교회
21 진리교회 48인 순교터
22 대광해변
23 순교자묘역

아침 일찍 일어나 식사를 마친 뒤 임자도로 이동한다. 임자도에 도착한 순례자는 먼저 이판일 장로와 진리교회 48명의 성도들이 순교한 곳과 대광 해수욕장 일대를 돌아보고 순교자 묘역을 방문한 후 임자진리교회로 이동 한다. 임자진리교회에서 교회의 역사와 문준경 전도사의 사역, 그리고 이 판일 장로와 이인제 목사의 삶, 순교 그리고 사랑에 대해 배운 뒤 마지막 다 섯 번째 묵상의 시간을 갖는다.

임자진리교회까지 순례 일정을 모두 마친 순례자는 점심식사를 한 뒤 점 암선착장으로 나오는 배나 돌아오는 교통편에서 자기 자신에게 보내는 순 례편지를 작성하여 발송한다. 그리고 처음 출발했던 자신의 삶의 자리로 돌 아온다.

도천리

825

㉒ 대광해변

대기리

임자도

진리교회
48인 순교터

㉑

임자진리교회

수도

㉒

이흑암리

㉓

순교자묘역

은동해변

사옥도

162 남도영성순례가이드

증도

순례찬양

순교영성을 순례하는 여행에는 찬양이 함께하
는 것이 좋다. 요즘 유행하는 세련된 가스펠도
좋지만 문준경 전도사 시절 많이 부르던 옛 찬
양들의 가사를 음미해보는 것도 순례여행에 깊
이를 더하는 방법이다.

1. 금주가
2. 신독립군가
3. 허사가
4. 인생모경가
5. 삼천리 반도 금수강산
6. 오소서 열방의 왕이여

금쥬가

TEMPERANCE SONG

금 슈 강 산 내 동 포 어 술 을 입 에 대 지 . 마 라

건 강 지 력 손 샹 흐 니 젼 치 될 가 늘 두 렵 다

후렴

아 마 시 지 마 라 그 술 아 보 지 도 마 라 그 술

죠 선 샤 회 복 밧 기 는 금 쥬 흠 에 잇 느 니 라

四   三   二   一
뎐   젼   개   아
부 국 부   곳   빗   아
쟈 가 모   젼 곳 도   일 쟈 도 보   금 슈
신 허 님   국 마 내   젼 녀 내 지   쥬 강
내 일 해   술 다 셔   훈 교 셔 마   흠 산
져 흘 맛 부   갑 학 마   안 육 마 라   에 내
능 지 은 모   다 교 시   쓰 위 시 그   잇 동
과 라 커 님   합 셰 면   며 ㅎ 면 술   ᄂ 포
뎐   흠 워 서   내 야 서 아   니 여
                    야   ᄂ 보   라 술
                                            을
                                            입
                                            에
                                            대
                                            지
                                            마
                                            라

금주가 (禁酒歌)

1. 금수강산 내 동포여 술을 입에 대지 마라
   건강 지력 손상하니 천치 될까 늘 두렵다

   [후렴] 아, 마시지 마라 그 술 아, 보지도 마라 그 술
   　　　조선 사회 복 받기는 금주함에 있느니라

2. 패가망신 될 독주는 빚도 내서 마시면서
   자녀교육 위하여는 일전 한 푼 안 쓰려네

3. 전국 술값 다 합하여 곳곳마다 학교 세워
   자녀 수양 늘 시키면 동서 문명 잘 빛내리

4. 천부 주신 네 재능과 부모님께 받은 귀태
   술의 독기 받지 말고 국가 위해 일할지라

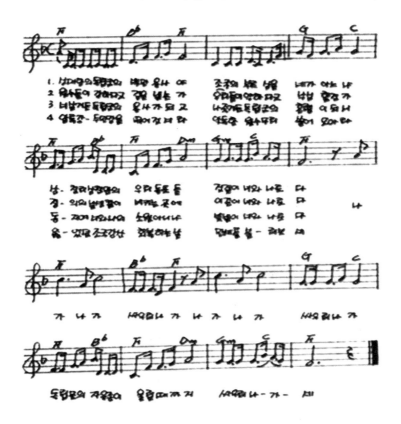

신독립군가

1. 신대한국 독립군의 백만용사야 조국의 부르심을 네가 아느냐
   삼천리 삼천만의 우리 동포들 건질 이 너와 나로다

   [후렴] 나가 나가 싸우러 나가 나가 나가 싸우러 나가
          독립문의 자유종이 울릴 때까지 싸우러 나아가세

2. 원수들이 강하다고 겁을 낼 건가 우리들이 약하다고 낙심할 건가
   정의의 날쌘 칼이 비끼는 곳에 이길 이 너와 나로다

3. 너 살거든 독립군의 용사가 되고 나 죽으면 독립군의 혼령이 됨이
   동지야 너와 나의 소원 아니냐 빛낼 이 너와 나로다

4. 압록강과 두만강을 뛰어 건너라 악독한 원수 무리 쓸어 몰아라
   조국 강산 회복하는 날 만세를 불러보세

허 사 가

이영적 작사

1. 세상만사 살피니 참 헛되구나
   부귀공명 장수는 무엇하리오
   고대광실 높은집 문전옥답도
   우리한번 죽으면 일장의 춘몽

2. 인생일세 산이라 너 나 나나
   일귀황토 맘코크다 너구나 되가
   솔로몬의 목가면 귀객이 맞불가
   무궁영화 어디 물가에 자랑

3. 수초중에 대객 영웅의 쉬 물고
   석양에 산절 회고 자 눈 되고
   반월성가 말던어 호 어났으랴
   자고세가 문을 아뉘

4. 인생백년 도대 단친문
   우리생명 산연 술픈 무로구나
   그헛된남 그럼자 지남도
   부생 되고 갈구나

5. 홍안소년 미인불아 자랑 말고
   영웅호절 열사불 시지마라
   유수같은 월공 름내제축
   저하막한 공묘 너기다런

6. 한강수는 눌러 쉬지않 전만
   무정하다 흘인생 가면못 오네
   서산마도 고소 한번 간후에
   소식조차 막연해 물거품이

7. 년년춘색 오전만 어 인생나
   한번가면 못오니 이라도 설나
   금일산매 노든객 내일심 하구나
   정 마른때

8. 요단강일 기스틸해 용 으며나
   서산낙가고 지저는가 막 있자
   하무로다 이물죽는길 홍 이뿜어할소나
   슬프 안 뉘면

9. 토지삼림 담어 무엇해지해개 나죽은후에
   삼천장담 어중 일무엇 너 머지때
   의목한발 무관 나나갈으랴
   수 죽지않

10. 발을리고 애물쎄 풍아 는재 뭇
    안고가나 져가나니 헛수고또다
    빈손으로 왔것이 또그갈지나
    빈손물고 관 명때

11. 모든육체 풀갈이 썩어 버리고
    그의영광 꽃갈지도 여져 화비라 너
    모든학문 식경영이 그며하며 바람잡이문
    인간일생

12. 우리희망 무연가 문세 상영화가
    문물갈이 고중 주님 따의생애로
    천국낙원 바의영광 평화 리르
    영원무궁 하노록 우리

허사가

1. 세상만사 살피니 참헛되구나
   부귀공명 장수는 무엇하리오
   고대광실 높은집 문전옥답도
   우리한번 죽으면 일장의춘몽

2. 인생일귀 복망산 불귀객되니
   일백황토 가면코 가이없구나
   솔로몬의 큰영광 옛말이되니
   부귀영화 어디가 자랑해볼가

3. 추초중에 만월대 영웅의자취
   석양천에 지낸객 희고의눈물
   반월산성 문어져 여호집되고
   자고새가 울줄을 뉘알았으랴

4. 인생백년 산대도 슬픈탄신뿐
   우리생명 무언가 운무로구나
   그헛됨은 그림자 지남같으니
   부생낭사 헛되고 또헛되구나

5. 흥안소년 미인들아 자랑차말고
   영웅호걸 열사들 뽐내지마라
   유수같은 세월은 널재촉하고
   저작만한 공동묘 널기다린다

6. 한강수는 늘흘러 쉬지않건만
   무정하다 이인생 가면못오네
   서시라도 고소대 한번간후에
   소식조차 막연해 물거품이라

7. 년년춘색 오건만 어이타인생
   한번가면 못오니 한이로구나
   금일항원 노든객 내일아침에
   청산매골 마른뼈 한심하구나

8. 요단강물 거스릴 용사있으며
   서산낙일 지는해 막을자있나
   하루가고 이틀가 흥안이늙어
   슬프도다 죽는길 뉘면할소냐

9. 토지많어 무엇해 나죽은후에
   삼척광중 일장지 넉넉하오며
   의복많어 무엇해 나떠나갈때
   수의한벌 관한개 족지않으랴

10. 땀흘리고 애를써 몰아논재물
    안고가나 저가나 헛수고로다
    빈손으로 왔으니 또한그같이
    빈손들고 갈것이 명백지않나

11. 모든육체 풀같이 썩어버리고
    그의영광 꽃같이 쇠잔하리라
    모든학문 지식도 그러하리니
    인간일생 경영이 바람잡이뿐

12. 우리희망 무언가 뜬세상영화
    분토같이 바리고 주님따라가
    천국낙원 영광중 평화의생애
    영원무궁 하도록 누리리로다

④

인생모경가 (人生暮境歌)

—(찬송214곡)—

1
꿈결같은이세상에　산다면늘살까
일생의향락좋데도　바람을잡누나
험한세월고난풍파　일장춘몽이아닌가
슬프도다인생들아　어디로달려가느냐

2
이팔청춘그꽃다운　시절도지나고
혈기방강그창년도　옛날이되누나
성공실패꿈꾸면서　웃고우는그순간에
청치않은그백발이　눈서리휘날리누니

3
해와달과별같이도　총명하던정신
안개구름담북끼여　캄캄해지누나
모든정욕다패하고　아무낙도없어지니
땅에있는이장막은　무녀질때가되누나

4
인삼녹용좋다해도　늙는걸못막고
진시황의불사약도　죽는데허사라
인생한번죽는걸을　누가감히피할소냐
분명하다이큰사실　너도나도다당하네

5
꽃이며디전후에는　열매를맺구요
엄동의설한지나면　양춘의오누나
어두운밤지나가면　빛난아침이오리니
이세상을다지난후　영원한천국오리라

6
근심마라너희들은　하나님믿으니
또한나를믿으라고　주말씀하신다
내아버지그집에는　있을곳이많다지요
기쁘도다주님함께　영원히같이살리라

7
장전너편에종소리　내귀에쟁쟁코
브석성에그광채는　눈앞에찬란타
앞서가신성도들이　주님함께기다린다
어서가자내고향에　할렐루야토아멘

인생모경가 (人生暮境歌)

1. 꿈결같은 이 세상에 산다면 늘 살까
   인생의 향락 좋대도 바람을 잡누나
   험한세상 고난풍파 일장춘몽이 아닌가
   슬프도다 인생들아 어디로 달려가느냐

2. 이팔청춘 그 꽃다운 시절도 지나고
   혈기방장 그 장년도 옛말이 되누나
   성공실패 꿈꾸면서 웃고 우는 그 순간에
   원치않는 그 백발이 눈 서리 휘날리누나

3. 해와 달과 별같이도 총명하던 정신
   안개 구름 담뿍 끼여 캄캄해지누나
   모든 정욕 다 패하고 아무 낙도 없어지니
   땅에 있는 이 장막은 무너질 때가 되누나

4. 인삼녹용 좋다해도 늙는길 못 막고
   진시왕의 불로초도 죽는덴 허사라
   인생한번 죽는것을 누가 감히 피할손가
   분명하다 이 큰 사실 너도 나도 다 당하네

5. 꽃이 떨어진 후에는 열매를 맺고요
   엄동설한 지나가면 양춘이 오누나
   어두운밤 지나가면 빛난 아침이 오리다
   이 세상을 다 지난후 영원한 천국 오리다

6. 근심마라 너희들은 하나님 믿으니
   또한 나를 믿으라고 주 말씀 하신다
   네 아버지 그 집에는 있을곳이 많다지요
   기쁘도다 주님함께 영원히 같이 살리라

7. 강 건너편에 종소리 내 귀에 쟁쟁코
   보석상에 그 광채는 눈앞에 찬란타
   앞서 가신 성도들이 주님 함께 기다린다
   어서 가자 내 고향에 할렐루야로 아멘.

일ᄒᆞ러가세

TO WORK, TO WORK

NAM KUNG OK

삼천리반도 금슈강산 하ᄂᆞ님주신 동산 삼천리반도 금슈강산

하ᄂᆞ님주신 동산 이동산에 훌일만하 ᄉᆞ방에일군을 부르네 곳

금일에 일가랴고 누구가티답을 홀가 일ᄒᆞ러가세 일ᄒᆞ러가 삼

천리강산 위히 하ᄂᆞ님명령 밧앗스니반도 강산에일ᄒᆞ러 가세

일하러가세(삼천리반도금수강산)

1. 삼천리 반도 금수강산 하나님 주신 동산 삼천리 반도 금수강산 하나님 주신 동산
   이 동산에 할 일 많아 사방에 일꾼을 부르네 곧 이날에 일 가려고 누구가 대답을 할까

   [후렴] 일하러 가세 일하러 가 삼천리 강산 위에
          하나님 명령 받았으니 반도 강산에 일하러 가세

2. 삼천리 반도 금수강산 하나님 주신 동산 삼천리 반도 금수강산 하나님 주신 동산
   봄 돌아와 밭 갈 때니 사방에 일꾼을 부르네 곧 이날에 일 가려고 누구가 대령을 할까

3. 삼천리 반도 금수강산 하나님 주신 동산 삼천리 반도 금수강산 하나님 주신 동산
   곡식 익어 거둘 때니 사방에 일꾼을 부르네 곧 이날에 일 가려고 누구가 대령을 할까

오소서 열방의 왕이여

오소서 열방의 왕이여

오소서 열방의 왕이여 주님 오실 길 예비합니다
오소서 온 땅의 왕이여 주 이름으로 오시는 이여
호산나 주의 이름으로 오시는 이여
호산나 호산나 이 땅 고치소서 호산나 주의 이름으로 오시는 이여
호산나 호산나 호산나

그날에 모든 사람들이 주님의 영광 보게 되리라
그 날에 모든 사람들이 어린양 앞에 서게 되리
호산나 주의 이름으로 오시는 이여
호산나 왕이 오시리라 왕이 오시리라 왕이 오시리라 예비하라
왕이 오시리라 왕이 오시리라 왕이 오시리라 예비하라

호산나 호산나 이 땅 고치소서 호산나 주의 이름으로 오시는 이여
호산나 호산나 호산나